世居少数民族系列

云南省社会科学界联合会 组编

"云南史话·世居少数民族系列"
编委会

主　任　张瑞才
副主任　邹文红
委　员　王文光　王峥嵘　刘　军　李保欣
　　　　　李晓斌　孙峥嵘　杨五青　杨远梅
　　　　　杨绍军　杨敬东　吴丽萍　肖才志
　　　　　张富春　周智生　和文平　岳石林
　　　　　周　霏　侯行辉　祝培荣　赵燕琴
　　　　　袁国友　钱彦富　龚志龙　谢青松
　　　　　游启道

景颇族史话

张建云 杨洋 编著

云南出版集团
云南人民出版社

图书在版编目（CIP）数据

景颇族史话／张建云，杨洋编著.——昆明：云南人民出版社，2021.11
（云南史话.世居少数民族系列）
ISBN 978-7-222-20536-9

Ⅰ.①景… Ⅱ.①张…②杨… Ⅲ.①景颇族—民族历史—云南 Ⅳ.①K285.9

中国版本图书馆CIP数据核字(2021)第229434号

出 版 人：赵石定
统筹编辑：马维聪
责任编辑：冯 琰
助理编辑：李凌浩
责任校对：胡元青
责任印制：马文杰
装帧设计：赵 丹

景颇族史话
JINGPOZU SHIHUA

张建云 杨 洋 编著

出 版	云南出版集团　云南人民出版社
发 行	云南人民出版社
社 址	昆明市环城西路609号
邮 编	650034
网 址	www.ynpph.com.cn
E-mail	ynrms@sina.com
开 本	787mm×1092mm　1/32
印 张	7.125
字 数	90千
版 次	2021年11月第1版第1次印刷
印 刷	云南商奥印务有限公司
书 号	ISBN 978-7-222-20536-9
定 价	36.00元

如需购买图书、反馈意见，请与我社联系
总编室：0871-64109126　发行部：0871-64108507
审校部：0871-64164626　印制部：0871-64191534
版权所有　侵权必究　印装差错　负责调换

云南人民出版社公众微信号

总 序

七彩云南,气象万千。

这里东连黔桂,西邻缅甸,北靠川渝,南接越南、老挝,是祖国大陆通往南亚东南亚、出印度洋的枢纽和大通道。特殊的地理,悠久的历史,孕育了深厚的文化底蕴,创造了丰富多彩的灿烂文化,成为中华文化同南亚次大陆文化、东南亚文化交汇区域,是文化交汇、融合、多样性的现代范本。

这里山川纵横。横断山、哀牢山、无量山、云岭、乌蒙山等山系支撑起祖国西南辽阔的天空。这里碧水荡漾。滇池、洱海、抚仙湖、程海、泸沽湖、杞麓湖、异龙湖、星云湖、阳宗海等湖泊,像一颗颗璀璨的明珠,镶嵌在云南高原上。这里江河澎湃。金沙江、澜沧江、怒江、红河、南盘江、伊洛瓦底江等六大水系联通各民族共同的家园。这里是植物王国、动物王国、有色金属王国；这里气候温和、四季如春，是世界花园。

这里历史悠久。元谋人从170万年前的远古走来。战国中晚期庄蹻入滇，第一次连接了楚文化与滇文化。秦开五尺道、汉习楼船，云南正式纳入祖国版图。唐宋时期，南诏、大理国文化彪炳史册。元初正式建立行省。明清时期，云南经济社会得到长足发展。20世纪初，云南各族人民打响了护国起义第一枪，巩固了辛亥革命成果。在抗日战争中，几十万云南各族儿女征战沙场，扬我国威！西南联合大学谱写了世界教育史上的奇迹。

在这片红土地上，传承着红色文化基因。走出了王复生、王德三等早期马克思主义播火者；走出了无产阶级军事家罗炳辉，《中华人民共和国国歌》的作曲者聂耳，马克思主义大众化的中国第一人、我们党思想理论战线忠诚的战士和学者艾思奇。20世纪30年代，毛泽东率领中国工农红军长征过云南,播下了革命火种。40年代后期,中国共产党领导下的滇桂黔边纵队与中国人民解放军,在极端艰难困苦的条件下英勇作战,迎来了新中国的诞生!

这一切,催生了一系列独具特色的历史文化:史前文化、古滇文化、哀牢文化、爨文化、南诏文化、移民文化、护国文化、抗战文化、西南联大文化、红色文化,等等。

这里是民族文化的富聚区,民族文化多样性的活态博物馆。26个世居民族中16个独有民族,15个民族跨境而居。民族文化丰富多彩、博大精深、底蕴深厚、特色鲜明。如彝族的毕摩文化,汉传、藏传、南传上座部佛教文化,傣族的贝叶文化,纳西族的东巴文化,哈尼族的梯田文化,等等,还有各种各具特色的丧葬、婚姻、服饰、建筑、节日、歌舞、生态等文化形态。此外还有各民族长期以来相互交融、相互学习、共同发展而产生的综合性文化,如茶文化、医药文化、烟草文化、驿道文化、青铜文化、石刻文化等,异彩纷呈,不胜枚举。

云南各民族优秀文化是中华文化的重要组成部分,是中华文化的瑰宝,是中华民族文化大花园中的奇葩!在长期的历史发展中,在红土高原上,形成独具特色的历史文化、地域文化、民族文化,其突出特点是多样形态、多元一体、和谐共生。各种文化,相互交融。佛教文化、基督教文化和伊斯兰文化并存(即使在同一宗教内,不同派别也和睦相处,如同为佛教,藏传佛教、南传上座部佛教和汉传佛教,亲密无间)、儒释道文化并存、原生态文化与现代文化并存、多民族文化并存。

在经济全球化、文化经济化、经济文化一体化的今天,文化既是社会生活方式,更是一种社会生产力,是各民族共同的精神家园。在中国特色社会主义进入新时代的历史条件下,深刻认识文化的作用,把精神的力量转化为物质的力量,把文化的软实力转化为高质量发展的硬实力。

"观乎天文,以察时变;观乎人文,以化成天下。"(《易经·贲卦》)习近平总书记指出:"要始终坚持道路自信、理论自信、制度自信,最根本的还有一个文化自信。""要坚定文化自信,推动社会主义文化繁荣兴盛。""没有高度的文化自信,没有文化的繁荣兴盛,就没有中华民族伟大复兴。要坚持中国特色社会主义文化发展道路,激发全民族文化创新创造能力,建设社会主义文化强国。"这是党中央赋予我们这一代哲学社会科学工作者的历史使命!承担起新时代这一历史使命,必须在新的实践基础上,用中国特色社会主义文化引领,推动文化的创新发展;必须深入挖掘传统文化资源,从中吸取历史智慧,引导云南各族人民树立正确的历史观、民族观、国家观、文化观,推动传统文化创造性转化、创新性发展;还必须为各族人民提供丰富的精神食粮,不断满足人民对美好文化生活的新期待。

古人云:"虑不远不足以图大功,功不大不足以传永世。"云南省社科联为贯彻落实党中央关于繁荣发展哲学社会科学的重要部署,传承弘扬云南优秀传统文化,坚定各族干部群众文化自信,决定组织全省有关专家学者编撰出版"云南史话"系列丛书,分别为地方系列、民族系列、特色县市系列、民族文化艺术系列、重大历史事件系列5个部分，每套丛书出版20种，共计100种。这是一项规模宏大的系统工程，计划用5年左右时间完成。通过本套丛书，我们将深入挖掘云南文化宝贵资源，认真梳理云南文化发展脉络，总结云南文化发展的特点及其规律，讲好云南文化故事，把云南历史讲明白，把云南文化讲精彩，把云南文明讲透彻，把云南经验讲深刻，使云南各族人民能够从历史中吸取智慧，从文化中获得自信，从文明中得到滋养，从经验中得到启迪，以期为增强文化自觉、坚定文化自信、正确认识和把握云南在全国发展大局中的地位和作用，立足新发展阶段、贯彻新发展理念、构建新发展格局，开创云南高质量发展的新局面，不断把习近平总书记为我们擘画的蓝图一步步变为美好现实，谱写好中国梦的云南篇章。

是为序。

云南省社科联党组书记、主席　张瑞才

2021年2月

序 言

德宏是一个多民族聚居的自治州，这里生活着傣族、景颇族、阿昌族、德昂族、傈僳族等5个世居少数民族，景颇族就是德宏这个少数民族大家庭中的一员。景颇族有着悠久的历史与文化，他的口传文学、神话与传说、音乐舞蹈、婚姻关系、宗教信仰等构成了景颇文化的瑰宝。但景颇族历史上没有文字，这个民族的起源、迁徙路线、生产生活方式等等都好似披上了一层神秘的面纱，需要我们去揭示。

德宏早在5000多年以前就有人类在此活动，但景颇族大量进入德宏却是在明末清初。从当前有关景颇族文化研究成果看，景颇族源于氐羌是得到大家认可的；有关景颇族的起源地的研究也由最早提出蒙古利亚、青藏高原、陕甘青发展到现在更多人认同起源于陕西一带,但无论哪种观点,都还是缺少具体的佐证;景颇族名称的由来,虽然大家趋向于与采盐有关,但或多或少也还是有点牵强;景颇族的迁徙路线在进入现在缅甸伊洛瓦底江上游恩梅开江和迈立开江分水岭江心坡以前缺少文字记载和实物佐证,当前的研究更多还是限于传说和推断。以上种种都在告示我们:对景颇文化的研究还在初始阶段,还需要更多人员加入研究,还需要花费更多的精力和时间、需要发掘更多的实物,而这一切,景颇族学者李向前前辈已经给我们做了很好的示范。

景颇族是一个勤劳、勇敢、团结、向上的民族。在进入德宏以后,虚心学习汉族生产经验,社会生产得到巨大发展,社会结构也发生了根本性改变。但总的来看,新中国成立前,德宏的景颇族社会发展是不平衡的,部分处于原始社会末期,部分已进入封建领主制阶段;生产方式主要是刀耕火种;政治体制主要是山官制,信仰原始宗教,部分群众信仰基督教和天主教。1950年,

序言

德宏全境解放，1953年德宏傣族景颇族自治州成立，景颇族成为自治民族，1956年，景颇族完成了跨世纪的飞跃，直接过渡到社会主义。在党和政府的关心支持下，景颇族地区的经济社会发生了翻天覆地的变化，生产生活得到了很大改善，经济、文化、教育、科技、卫生等各项事业得到全面发展。但由于各种社会历史原因，景颇族居住地区社会经济、科技文化发展水平相对较低，基础差、底子薄、劳动力素质低、产业单一等，严重制约着生产力的发展。为此，党和政府高度重视景颇族居住地区社会经济的发展，十一届三中全会以来，中共德宏州委、州政府在景颇族地区推行家庭联产承包责任制，发展多种经营，发展乡镇企业，完善基础设施建设，实行移民搬迁，发展民族文化教育和医疗卫生事业，使景颇族地区的社会经济面貌发生了根本改观。

党的十八大以来，中共德宏州委、州政府优化农村产业结构，加大产业扶持，加快发展特色民族企业，发展景颇族民族教育，加快扶贫攻坚力度，开展精准扶贫、精准脱贫，开创了景颇族地区经济社会科学发展、和谐发展、跨越发展的新局面。

《景颇族史话》作为"云南省少数民族系列丛书"的一本分册，用详今略古的记事方法，将景颇族的政治、经济、社会、文化、历史等诸多方面的史实实时呈现给读者，是一部难得的民族历史读物和值得推广的普识教材，可喜可贺！相信出版发行后一定会得到大家的接受。

作为学校教师参与研究的课题和出版的民族读物，书稿曾送到我的案头请我审阅，并希望我能在其出版时作个序。我很高兴见到这种不可多得的作品的出现，也期望我校能有更多的人能立足德宏，抓住当地民族文化资源优势，开展深入研究，多出这类成果。于是欣然提笔，权作鼓励和推介，是以为序。

德宏师范高等专科学校党委书记　孔勒干
2021年2月

目　录

第一章　景颇族族源与迁徙路线/1

　　族源历史/1

　　迁徙原因探秘/9

第二章　景颇族地域分布与人口分布现状/12

　　地域分布情况/12

　　人口分布情况/16

第三章　景颇族的历史文化/19

　　历史轨迹/19

　　史海拾遗/68

　　历史之谜/72

第四章　景颇族社会经济发展概况/75

景颇族政治发展概况/75

景颇族经济发展概况/108

景颇族文化发展概况/138

第五章　景颇族家庭婚姻发展变化情况/170

景颇族的家庭发展情况/170

景颇族的婚姻制度"墨尤—达玛"/171

景颇族的恋爱和婚礼习俗/173

第六章　景颇族的宗教信仰概况/178

景颇族的原始宗教信仰/178

景颇族的祭鬼习俗/178

景颇族的宗教祭师/180

基督教在德宏地区的传播情况/184

第七章　景颇族历史文化名人/187

抗英英雄穆然早乐东/187

大斋瓦沙万福/188

抗日英雄——邦角山官尚自贵/189

大牧师司拉山/190

史学前辈李向前/191

纳排堵/192

排启仁/193

雷春国/194

朵示拥汤/195

董勒成/196

第八章　景颇族未来发展展望/197

精准扶贫与全面小康/197

《德宏州边境少数民族景颇族聚居地区新农村建设规划》/200

德宏景颇族未来发展展望/201

参考文献/204

后记/206

第一章 景颇族族源与迁徙路线

族源历史

一、起源探秘

在景颇族的创世史诗《目瑙斋瓦》中讲述了景颇族的祖先最早居住在"木转省腊崩"(景颇语 Majoi Shingro Bum),意为"天然平顶山"或"日月山"(景颇族学者李向前考察认为此地应在青海湖东南部),传说这里终年积雪,气候寒冷。但"木转省腊崩"应该只是景颇族迁徙过程中居住过的地方,景颇族最初的发源地应该在今陕西、河北、山西等北方广大地区,这些地方也正是古代氐羌部落集团活动的区域。

关于景颇族的起源问题,史学界有不同的看

法：多数学者认为，远古时期景颇族的先民主要居住在陕西、甘肃、青海、西藏一带；部分学者认为，景颇族最早发源于蒙古利亚。李向前经过多次实地考察，认为景颇族先民最初的活动地域应该在陕西、河北、山西等广大北方地区，因这一带的一些古老地名与景颇族创世史诗所提到的地名相吻合。具体说来，是以今陕西宝鸡为中心辐射四周的（李向前认为宝鸡是景颇语地名）。

约在公元前659年至前362年，秦国发动兼并西戎的战乱，景颇族先民为躲避战乱，逐步向西迁移到了甘肃、青海一带，在青海湖周边的搓卡、卡枯、日月山、共和一带以开采盐矿为生，成了中国西部最早开采盐矿的人。景颇支称盐为"仲"，开盐矿为"仲颇"（Jumhpo），故又以谐音而自称景颇（采盐人）。

二、族源历史

史学界已普遍达成一种共识，认为景颇族源于氐羌，属炎帝部落族群。在后来的战争中，炎

第一章 景颇族族源与迁徙路线

帝部落的大部分与黄帝部落互相融合,成为华夏族的主体;另一部分则西行或南下,与当地土著居民融合,其中就包含了景颇族的先民。吕振羽先生在《简明中国通史》一书中说道:夏族祖先最先发源于蒙古和华北地区,太古时代开始向蒙古以西迁徙,逐渐分布到甘肃、青海一带。后来夏商两族在今山西南部及河南西北部一带发生了战争,夏族战败,一部分被征服,大部分返回西北地区,并逐渐演变为周族及氏羌诸族。尤中先生在《云南民族史》一书中也谈道:西北甘、青高原是氏羌部落群体的主要游牧聚居区。氏羌部落集团的人们,曾不断地流动于中原和西南地区之间,而先后活动于中原地区的黄帝族、夏族、周族,最初都应该是氏羌中的一部分。根据上述记载,生活在黄帝、夏、商、周时期的氏羌各族群,广泛活动于现在的甘、青、川、藏一带。到了春秋战国时期,即在公元前7世纪和公元前4世纪,秦穆公与秦献公分别发动了两次大规模的兼并战争,引发了氏羌族群两次大迁徙。一部分南下到雅砻江下游的西昌一带，并继续向南迁徙；而另一部分则向西渡过金沙江，到澜沧江上游的昌都一带，并继续向南迁徙。氐羌族群在向南、向西迁徙时，族群开始发生分化；源于氐羌族群的景颇族也开始分化，操景颇语支的族群向西迁移，操缅语支的族群则向南迁移。

据张建章《景颇寻根》载：炎帝部落最初生活在陕西宝鸡一带，后因人口增多，土地肥力下降，炎帝部落大部分成员不得不离开故土，向别的地方迁移。其中一支人马原地不动，后来形成了周王朝的周族；一支西迁到今甘肃、青海一带，以游牧渔猎为主，发展为羌族；还有一支主力，进入中原，与黄帝族融合，成为华夏族的主体。

三、千年迁徙与族群分化

氐羌族群以游牧为生，景颇族先民也不例外，他们长期处于迁徙游荡中。根据《景颇族人物千秋》分析，景颇族的迁徙路线大致是：蒙国（古）利亚（景颇语：大草原）—嘎昂圣亚（景

第一章 景颇族族源与迁徙路线

颇语：中原，黄土高原，今河北、山西、陕西、甘肃一带）—木转省腊崩（景颇语：天然平顶山，即今青海湖日月山一带）—占拾大嘎（景颇语：野鸭成群的地方，即今青海湖一带）—恩端扎亚嘎（景颇语：白雪皑皑的地方，即西藏昌都以北地区囊谦、八宿一带及青海西南地区）—穆拽汀阁（景颇语：强渡的渡口，即雅鲁藏布江渡口）—穆柯木卡嘎（载瓦语：竹林成片的何家寨，即今缅甸恩梅开江东岸的之非河流域）—卡枯嘎（景颇语：曾经居住过的地方，即迈立开江、恩梅开江流域、密支那北部山区）—新丽嘎、思密嘎（景颇语：炎热的地方，即德宏、缅甸北部一带）。总的来看，景颇族的祖先是由西北向南逐渐迁徙的。在进入康藏高原后，景颇支自德钦出发，沿澜沧江以西、怒江及伊洛瓦底江源头南下，进入江心坡及其西部地区；另一部分景颇族[主要是浪峨支、勒期支（茶山）、载瓦支]，则南迁至澜沧江以东、金沙江及东泸水的广大地区，其中，兰坪、云龙之间形成的古浪速地是浪峨支的主要聚居地之一。

李向前认为：浪峨支的送魂路线一直送到金沙江边，其中经过保山，腾冲，泸水的登埂、六库、老窝，云龙的曹涧、瓦窑，并跨过龙川江、怒江和澜沧江直达金沙江。汉语浪速地，即今云龙县澜沧江西岸的表村、早阳一带。清代的浪速地则在片马以北，两地东西相隔数百里，但两地之间还保存着"老窝"（浪峨）及阿昌寨（元明时期景颇族也称阿昌、峨昌）等地名。可见，这是后来景颇族由金沙江向怒江流域迁徙过程中留下的痕迹。

在南迁和西迁的发展过程中，澜沧江以东的景颇族先后分化出浪峨支、勒期支和载瓦支。三支的语言、服饰、风俗习惯也极为相似，且均行父子连名制，系谱中的最初几代祖先的名字也是相同的。

至于从康藏高原南迁，居住在恩梅开江、迈立开江流域的那部分景颇族（后来还有从东部迁来的部分与之汇合），定居江心坡及安宁河流域约

第一章 景颇族族源与迁徙路线

有 1500~2000 多年。后来，从江心坡又向西迁移，其中一部分迁到印度的阿萨姆地区，一部分向西南迁到玉石厂、雾露河一带，一部分则由江心坡迈立开江到胡康河谷一带，还有一部分沿伊洛瓦底江两岸而下至缅甸南北掸邦一带，另外一部分迁到今云南省德宏州。

据张建章《景颇寻根》载：经过景颇族学者李向前等人对景颇族的迁移路线多次实地考察，得出以下结论：（1）景颇族的太阳神就是炎帝，景颇族是炎帝的子孙，他们与国内的阿昌族、傈僳族、纳西族、怒族、独龙族、彝族、白族、藏族等同根同源，与国外的克钦族、缅族、钦族等血缘相近。（2）景颇族是古羌族群的一支，是树大分支、同源分流。（3）迁徙路线从青海河湟一带南迁，经榆树、囊谦、昌都、邦达进入怒江上游流域，在此分为两路。景颇支为西路，进入怒江西部，沿独龙江进察隅、江心坡和阿萨姆地区；浪速支沿怒江东部和澜沧江流域南下，兼并六诏，建立了南诏政权。（4）古浪速部落曾是一个强大的部落联盟，他们曾是开创南诏政权的主体民族。南诏灭亡后，他们部落离散，从而形成今天的景颇族、阿昌族、怒族、独龙族、纳西族、傈僳族、彝族等民族，并形成"我中有你，你中有我"的复杂局面。(5) 缅人是古浪速人的一支，其老家在甘南草原，与白马支藏人关系密切。他们的迁移也分两支，人数较多的一支从江心坡南迁；而另一支则参与入主南诏，失败后溃入缅甸。两支汇合后，于11世纪初建立蒲甘王朝。

四、南迁德宏

早在14世纪末15世纪初，景颇族已活动在滇滩关外，大批迁入腾越德宏地区的时间大约在明末清初，即17世纪末18世纪初。他们大部分是由茶山长官司地和里麻长官司地迁来，其迁徙路线大致如下：

1. 一部分由小江、之非河一带南下，越过尖高山、狼牙山进入盏西，或经腾冲、古永进入盏西；

第一章 景颇族族源与迁徙路线

2. 一部分由之非河流域沿恩梅开江西南下至昔董,再入盏西、盈江及莲山一带,后又迁到陇川、瑞丽及潞西一带;

3. 一部分由昔董向西南迁到八莫附近,再转入陇川、瑞丽和潞西;

4. 一部分由江心坡北部或中部南下,越过恩梅开江到达莲山、盈江一带,再向南到瑞丽、潞西一带。另外,耿马、西双版纳有一部分景颇族,则是从德宏迁去的。

迁徙原因探秘

关于景颇族迁徙的原因,可谓众说纷纭,主要有以下几种观点。

一是寻找好地方。传说由于景颇族发源地"木转省腊崩"是个非常寒冷的高原,因此,南迁主要是为了寻找更好的地方;同时包括景颇族祖先在内的部分氐羌人可能是因为秦的兼并战争而南迁的。

《滇略》卷九说:"茶山在腾越西北五百里,

距高黎贡山，地瘠土寒，不生五谷。"人民生活极端贫困，要求开拓新地方、寻找好地方的愿望驱使他们再度南下。陇川的景颇族传说他们是先派人南下找妥了地方，然后回去引人来居住的。可见，寻找新的、更好的土地应该是景颇族南迁的重要原因。

二是为躲避械斗和战争。景颇支和载瓦支都说过去在北方的"老家"，"拉事"、仇杀事件频繁，社会秩序非常混乱，很多人因害怕"拉事"、被杀或被掠为奴隶而南迁。有的是因在械斗仇杀中战败而由山官带领全村南逃，迁来德宏地区。当然，秦国发动的两次兼并战争应该是迫使景颇族南迁的主要原因。

三是官位的继承问题引起的迁徙。由于景颇族实行幼子继承制，山官职位只能由幼子袭职，但其他各子也是"官种"，也想当官，于是他们就率领一批批百姓向外开拓地方做"杜瓦"（山官）。特别是景颇支中比较强大的五个姓氏，如景颇支勒排姓，从其家谱看，于第八代奥拉当时，即向外扩张,跑到载瓦地区当山官,这是现在载瓦山官中所有排姓的祖先。

四是因为战争的招募而留下。在清乾隆年间,与缅甸雍籍牙王朝发生战争,有不少景颇族因被清政府招募运粮而留居德宏境内。

五是追随亲朋南下。据说,一部分景颇族是听到南下亲朋已找到好地方,便追随着迁徙而来。

第二章 景颇族地域分布与人口分布现状

地域分布情况

景颇族是一个跨境而居的民族,主要分布在中印半岛西北部、中缅边境的广大山区。其中在我国的称为景颇,在印度阿萨姆的称为新福,在缅甸的称为克钦。从景颇族聚居的地理分布看,主要分布在东起高黎贡山、怒江,西至更的宛河及印度阿萨姆边境,北起喜马拉雅山南麓的坎底、岔角江,南至缅甸腊戍、摩哥克山区一带。

一、国外分布情况

国外的景颇族,主要聚居在缅甸和印度,泰国也有少量分布。

第二章 景颇族地域分布与人口分布现状

(一) 缅甸

缅甸的景颇族被称为克钦族,自称景颇、载瓦、龙峨或腊期。克钦族的主要聚居地是克钦邦,少量分布在掸邦的东北部和实皆省的格撒一带。

景颇支:主要分布在迈立开江流域,枯门岭与印度交界的那加山脉,江心坡南段,密支那以东的中缅边境山区,孟拱和胡康河谷,以及实皆省等地区。掸邦的摩哥克山区以及其南部的景栋等地,也有部分居住。

载瓦支:主要分布在恩梅开江东南岸的之非河、独木河流域一带;还有拖各至昔董一带的中缅边境山区,以及北掸邦"新利勐"摩哥克山区;还有一部分在伊洛瓦底江以西的勐拱、格撒及胡康河谷一带。

龙峨支(浪速支):主要分布在恩梅开江上游岔角江、墨河、腊埂河一带的浪速地、江心坡北段以及恩梅开江下游。北掸邦的摩哥克山区也有部分居住。

腊期支(茶山支):主要分布在恩梅开江支

流的小江流域，部分则散居在恩梅开江中下游及北掸邦的摩哥克山区。

(二) 印度

印度的景颇族被称为新福（Sinfo），属于景颇支，主要居住在阿萨姆邦。

(三) 泰国

主要居住在清莱府山区的一个山寨，属景颇支。

二、国内分布情况

我国的景颇族主要聚居在云南省德宏傣族景颇族自治州境内，居住区在东经 97°28′~99°57′北纬 24°~25°5′之间，居住面积占全州总面积的 70% 以上，主要分布在陇川、盈江、芒市、瑞丽、梁河五县（市）海拔 1000~2000 米的山区。另外，在今怒江傈僳族自治州的片马、岗房、古浪，临沧市的耿马，保山市的腾冲，西双版纳傣族自治州的勐海及普洱市的澜沧也有少量分布。

(一) 德宏州分布情况

景颇族作为族名始见于 1953 年，包括景颇、

第二章 景颇族地域分布与人口分布现状

载瓦、勒期（茶山）、浪峨（浪速）、波拉等支系。其中，景颇支主要分布于盈江县的卡场、铜壁关、昔马、龙盆、雪列和普伦等地，其余分布在梁河县的拱母，陇川县的王子树、护国、广令、弄龙、曼面、曼软、吕良、邦外，瑞丽市的雷弄、登嘎、畹町，芒市的六丁、雪列、雷允等地。载瓦支主要分布于陇川县的邦瓦、王子树、护国、孟约、景坎、磨水、撒定、邦外、吕良等地，芒市的西山、东山、三台山、芒海、中山、五岔路、新民、弄坎等地，盈江县的盏西、邦瓦、拱腊、丙辉，瑞丽市的勐秀、户育、勐力、等嘎等地，部分散居于梁河县及畹町经济开发区，与其他各支系杂居。浪峨（浪速）支主要分布于芒市的营盘、勐广、弄龙、引欠、当扫、拱卡、中山的部分地区及梁河的邦歪、红场，瑞丽的南京里、勐秀、贺共，盈江的铜壁关、盏西等部分山区。勒期（茶山）支主要分布在盈江县的盏西、麻岛、喇期董、大盈坡，陇川的吕良，芒市的中山、东山、巩令、邦国、别笼、营盘、石板，瑞丽的南京里、勐力等地,另外,梁河县也有少量分布。

(二)怒江州分布情况

怒江州的景颇族,主要分布在泸水市境内的高黎贡山上。过去,高黎贡山分水岭两侧都居住着景颇人,属茶山长官司管辖。现在,只剩下怒江边的一个浪速寨。另外,在片马镇,居住着茶山人。

(三)临沧、普洱、西双版纳等地州分布情况

临沧、普洱、西双版纳一带的景颇族,主要分布在镇康、耿马、孟连、勐海的部分山区。方国瑜《保山县志》载:"山头人。保山北部有山头人……,腾、永、顺宁、镇康、澜沧诸处亦有之。称为山头人,亦称老亢。"《镇康县志》载:"野夷老亢:南区、蚌孔、稀篮子山有二十余家。性强悍,好斗……。内分三种:曰茶山、曰浪速、曰小山头(指载瓦)。"

人口分布情况

一、国内人口分布情况

据2007年统计,居住在德宏傣族景颇族自治

第二章 景颇族地域分布与人口分布现状

州的景颇族约有 136061 人，占全州总人口的 11.5%，其中，陇川县有 46406 人，盈江县为 43975 人，潞西市为 29343 人，梁河县为 1881 人，瑞丽市为 13745 人，畹町经济开发区为 711 人。另外，怒江、临沧、保山、西双版纳及普洱等州市约有 2200 人左右。

二、国外人口分布情况

全世界的景颇族人口约有 200 多万人，其中，居住在缅甸的克钦族约有 120 万人，主要分布在克钦邦、掸邦、实皆省；居住在印度的新福族人口约有 5 万多人，主要居住在阿萨姆邦。

解放后德宏州景颇族人口统计表

(据《景颇族人物千秋》)

(单位：万人)

时间	景颇族人口	占全州人口比例
1953 年	6.49	17.8%
1978 年	8.18	11.8%
1990 年	11.32	12.5%
2007 年	13.60	11.5%

续表

时间	景颇族人口	占全州人口比例
2008年	13.60	11.5%
2013年	13.76	11.06%
2014年	13.89	10.99%

解放后德宏其他民族人口构成统计表

(单位:万人)

时间	汉族	傣族	阿昌族	傈僳族	德昂族	其他民族
1953年	13.22	13.40	1.58	1.12	0.34	0.29
1978年	35.59	21.35	1.68	1.30	0.77	0.51
1990年	44.02	28.75	2.31	2.11	1.13	1.00
2008年	59.50	35.44	3.04	3.07	1.41	2.43

第三章 景颇族的历史文化

历史轨迹

一、炎帝子孙

景颇族属于古代氐羌族群的一支,最初生活在今山西、陕西、河北等地,经景颇族学者李向前考察认定,这一带的一些古老地名与景颇族创世史诗《目瑙斋瓦》里提到的地名相吻合。当时的景颇族先民参与了商周青铜文化的建设,今天景颇族的许多用具、传统饰物及祭祀器皿,明显保留有商周时期流行的云雷纹、饕餮纹、日月纹、水波纹等纹饰。许多出土文物中的佩饰(手镯、项圈等),在今天的景颇族生活中还很常见。从景颇族的图腾崇拜来看,景颇族崇拜太阳,自称是太阳的子孙,是炎帝的后代,在其现实生活中仍保留有许多华夏民族时代生产生活的特点及某些氏族制度的特征。

二、青海采盐

约在夏朝后期至商朝时期,景颇族先民往西迁移到现在的青海湖一带,曾在青海湖边开采食盐,所以景颇族又被称为采盐人(景颇又称仲颇,景颇语意为开采食盐),从此,景颇族与盐发生了密切联系,至今在景颇族民间还流传着"仲供撒赛"的典故(即:当景颇老人去世时,对外宣称背盐去了)。青海湖应该是景颇族先民从众多氐羌族群中分化出来的地方,在这里逐步形成了景颇族浪峨、景颇两大支系。

三、创建古蜀文明

约在春秋战国时期,景颇族再次迁移到藏东南,四川西北和滇西北交界处相连的广大地区,在这里边开采食盐边从事农耕,并逐步向四川盆地迁徙,途中经过木折彭勒亚(景颇语,意为沼泽)、松潘瓦亚(景颇语,意为平坝)、腾乃扎亚(景颇语,意为温热平原或金沙平原,即成都平原)。据景颇族创世史诗《目瑙斋瓦》所载,这里的山上有布谷鸟在叫,平原上有青蛙在叫,景颇语称这里为青蛙国或金沙王国。从景颇族创世史诗记载的情况看,这时的景颇支系大部主要集中在四川红原、阿坝地区。景颇族先民在这里开采食盐、挖掘金矿、加工玉器、从事农耕,参与创造了灿烂的古蜀文化。

四、树大分支

秦汉时期,云南境内从氐羌系统分化出来的"叟""昆明"以及三国、魏晋南北朝时期从"叟""昆明"部落集团分化出来的"摩沙",都是各个时期与景颇族先民有密切联系的部落。

大约在秦汉时期,景颇族先民逐步往川西、川康一带迁徙(李向前经过考察认为:这一带的许多地名都是景颇语的地名,如木尔康、那曲、八宿、邦达、木里等),进入青藏高原后分成两支。其中，景颇支自德钦往南，沿澜沧江以西、怒江及伊洛瓦底江源头而下，进入江心坡及其西部地区；另一部分景颇族（主要是浪峨、勒期、载瓦支）南迁至澜沧江以东、金沙江及东泸水在内的广大地区。东汉时期，景颇族先民属永昌郡管辖，三国时期诸葛亮在南中地区实行"和抚"政策，对景颇族社会发展影响较大。德宏的景颇族崇拜孔明，有"孔明是我们的阿公阿祖"之说。

有关景颇族的分支，多数景颇族群众都认为最早是景颇支和浪峨支分开，或景颇支和勒期（茶山）支分开，后来才从中分出载瓦支。绝大多数载瓦人以及勒期、浪峨人都认为他们和景颇支都是宁贯哇和瓦乾哇的后代，以后经历了分化融合的过程。根据中华人民共和国成立后的多次历史调查，可以推断：景颇支与载瓦支、浪峨支、勒期支原先就是同一族属的不同部落，只不过景颇支从中分化出来较早。明中叶以后，自云龙州往西至里麻一带的"峨昌"或"寻传"部落，在

第三章 景颇族的历史文化

政治、经济、文化上受内地先进民族不同程度的影响而发展不平衡,从而正式分化成近代阿昌族和景颇族中的载瓦支、浪峨支、勒期支。

五、"寻传"——南诏、大理国统治时期的景颇族先民

唐代,景颇族先民已经有了确切的称呼,即"寻传",这里的"寻传"指的就是澜沧江以西的景颇族先民。当时的寻传已广泛分布于雅砻江下游至伊洛瓦底江上游的广大地区。唐初,在云南设姚州都督。随着南诏(有学者认为:古浪速是南诏政权的主体民族)地方势力兴起,730年,皮罗阁在唐朝的支持下统一"六诏",唐封其为云南王,建立南诏地方政权。南诏王调整行政体制,设六节度使。762年,南诏首领阁罗凤率兵"西开寻传",先后征服裸形、祁鲜等部落,统一了永昌郡管辖地区,并使南部和西南部的边界扩大到今怒江州泸水市境外的小江、片马、岗房、古浪及伊洛瓦底江上游的恩梅开江一带。南诏政权特地在景颇族先民居住的地方建立城镇,设置

官吏，加强管理。在唐朝时期，景颇族的先民"寻传蛮""祁鲜""裸形蛮""高里共人（高丽、高日、高里）"等部落集团的地理位置大致分布于澜沧江以西至缅甸克钦邦境内及过去的"中缅北段未定界"一带。阁罗凤征服这一地区后，设永昌节度和丽水节度进行统治。

在澜沧江东部（包括川西南地区），仍有部分寻传部落散居在东雅砻江与磨些江汇合处一带（今四川盐边至云南华坪、永胜一带）。他们与同是从古代氐羌部落分化出来的"乌蛮""磨些"杂居。756年，阁罗凤与吐蕃共同出兵，打到嶲州、会理一带，把生活在澜沧江东部的"寻传"部落大部分纳入南诏政权的统治之下。

937年，大理政权建立，其地方行政区略有增改，除大理府外，另设14个府、郡进行统治，龙江以西属腾越府，以东属永昌府。

六、"峨昌""遮些""野人"——元明时期的景颇族先民

元朝在云南设立行省，寻传地区属金齿宣抚

第三章 景颇族的历史文化

司六路军民总管府管辖。15世纪初，明朝在云南推行土司制度，在景颇族聚居的地区设立了里麻、茶山两个长官司，任命景颇族山官早姓和刀姓为长官。茶山长官司先属金齿军民指挥使司，后属永昌卫，继改属腾冲府管辖；里麻长官司直属于云南都司。

元明时期的史书上多把景颇族称之为"峨昌""莪昌""蛾昌""遮些""野人"等，其中，"峨昌""莪昌""蛾昌"是载瓦支和浪峨支的称谓，"遮些"是景颇支的称谓，"野人"可能是对定居在德宏地区的载瓦支的歧视性称谓。《元史·地理志》载："其地在大理西南，澜沧江界其东，与缅地接。其西土蛮凡八种，曰金齿、曰白夷、曰䕺、曰峨昌、曰骠、曰繲、曰渠罗、曰比苏。南赕在镇西路西北，其地有阿赛赕、午真赕、白夷、峨昌所居。元初内附，至元十五年隶宣抚司。"《大元混一方舆胜览》载："麓川江（今龙川江）出萼昌（峨昌），经越赕（今腾冲）傍高黎贡山，由芒施（今芒市）、孟乃甸入缅中。"这里的麓川江发源于今泸水市西部,元明时期属云龙州,往西南经腾冲、芒市至缅甸,这些地区均有"峨昌"分布。又,《滇略》卷九载:"茶山在腾越西北五百里……其人强狞好斗,土酋早姓,旧属孟养,永乐二年,孟养叛,茶山不从,自诣阙下,授长官司。其地僻远,尝为野人杀虏,今奔入内地阿幸(腾冲北部)栖在"。"里麻与茶山接壤,旧亦属孟养,土酋刀姓亦以拒贼功授官,所辖皆峨昌夷。近其地亦为野人所夺,奔入内地赤石坪栖在。"从上述材料可以看出,元明时期,茶山、里麻二长官司地的景颇族先民被称为"峨昌夷",他们与金齿百夷一起生活在澜沧江上游以西到伊洛瓦底江上游地带,一直臣属于中央王朝的统治。明代三征麓川后,一部分景颇族就已经开始在今德宏州境内的山区定居。

《云南图经志书》卷五云龙州风俗条载:"境内多峨昌蛮,即寻传蛮,似浦而别种,散居山壑间,男子顶髻戴竹兜鍪,以毛熊皮饰之,上以猪牙、鸡尾羽为顶饰,其衣无领袖,兵不离身,以

第三章 景颇族的历史文化

孳畜佃种为生,好食蛇。""峨昌"是载瓦支、浪峨支原来的族称,上述材料充分证明元明时期云龙境内的"峨昌蛮"也是"寻传蛮"的一部分。

澜沧江东部的寻传部落,被称为"峨昌",《元朝一统志》丽江路风俗载:"丽江路蛮有八种:曰么些、曰白、曰罗落、曰冬闷、曰峨昌、曰撬、曰吐蕃、曰卢,参错而居。"元代的丽江路包括今丽江地区、怒江州和迪庆州南部,这部分"峨昌"可能是南诏时期东泸水与磨些江合流地带的寻传部落的后裔,他们中的大部分后来逐渐向西迁移,留下的部分约在明朝中叶以后逐渐融入当地的磨些、罗落(彝族)和傈僳族之中。

在明代的史书中,还可看到对景颇族的不同称呼,如:"羯些""遮些""结些""野蛮""野人"等。"羯些""遮些""结些"可能是同一族称的异写,分布在里麻长官司西南的孟养土司境内(即今缅甸密支那西南的克钦邦境内)。《腾越州志·卷十一杂记》载:"羯些以象牙为大环,从耳尖穿至颊,以红花布一丈许裹头而垂带于后,衣半身形,而袒其右肩。遮些绾发为髻,男女皆贯耳佩环,性喜华彩,衣仅蔽体,战斗长(于)弓矢,依恃象铳与缅同,孟养一带皆其种类。"从"遮些"的地理分布和风俗习惯看,他们与今缅甸境内的克钦族有密切联系,可能是克钦族的先民,从其支系看,可能是景颇支的一部分。关于"野人",《滇略》卷九载:"茶山、里麻之外,有一种野人,赤发黄睛,以树皮为衣,首戴骨圈,插雉尾,缠红藤。……登高险如飞,男女渔猎为生,茹毛饮血,夜宿树上,逢人即杀,无酋长约束。"《腾越州志·卷十一杂记》载:"茶山外有一种野人……前明有里麻茶山两长官司管束,明季两长官司为野人所逐,遁至内地,今其子孙有早姓者,古勇、乌索有其裔也。"这些"野人"居住在茶山、里麻之外的孟养土司地区,很可能是今天云南景颇族载瓦支中的一部分。

七、清朝统治时期的景颇族先民

清代初期,大量景颇族继续南迁,分布在永

昌府所属地区，即今德宏州境内，属永昌府及腾越、龙陵两厅管辖，自称景颇、载瓦、勒期、浪峨。但史书上仍沿用明代"遮些""野人"等称呼，又因景颇族居住在山上，又被称为"山头人"。与之同族的其余景颇族则分布在茶山、里麻之外的缅甸、印度境内。

八、民国时期的景颇族历史文化

德宏是西南的门户，战略地位十分重要。在整个国民党统治时期，对德宏的统治虽然比较重视，但在许多方面基本是流于形式。国民党在德宏地区推行"改土归流"，设置殖边督办、弹压委员、行政委员及设治局，但土司及山官制度并没有根本动摇。乡、镇、保、押制度在基层不能真正推行下去，一切政令仍然需要依靠土司及山官去推行，山官仍然是景颇族地区的实际统治者，这种情况一直延续到新中国成立。

九、中华人民共和国时期的景颇族历史文化

1950年，德宏全境解放，景颇族成为祖国大

家庭的一员,在党中央、毛主席的亲切关怀下,云南省委、省政府派出民族工作队来到景颇族地区开展民族工作,培养民族干部。1953年7月德宏傣族景颇族自治州成立,景颇族选出自己的代表,参加自治州领导管理,实现了当家做主。为改变当地贫穷落后的面貌,党和政府从实际出发,采取大力发展生产、消灭阶级剥削和原始落后残余、直接办合作社过渡到社会主义的办法,1958年全州实现了合作化,作为"直过民族"的景颇族也完成了跨世纪的飞跃。十一届三中全会以来,景颇族地区的经济文化发展有了较大提高,村寨修建了瓦房,修通了公路,架设了电线,喝上了自来水,办起了小学和中学,设立了区、乡卫生所,人民的生活水平大幅提高。接着,德宏州委和州政府又推行许多惠民政策,实行移民搬迁,为居住在山区的景颇族寻找宅基地,建盖新房,帮助他们整体搬入坝区,改善了居住环境。十八大以后,又在全州贫困地区组织开展扶贫攻坚,加大产业扶持,带领景颇族等各族人民逐步向小

第三章 景颇族的历史文化

康社会迈进。

(一) 民主建政

1950年，德宏全境和平解放，德宏少数民族地区的发展进程从此迈入了新时期。但由于历史的原因，和平解放之后依然存在着许多隐患。

第一，一小撮不稳定因素在解放后一直妄图以西南边境为突破口颠覆新中国政权。解放战争胜利前夕，国民党安排了一部分匪特骨干分子流窜在西南边境少数民族地区。这些反革命分子和当地原有的匪患勾结在一起，打家劫舍，肆意干扰当地民众的正常生活，给新中国的统一进程制造种种矛盾。此外，一部分境外敌对势力也一直企图疯狂反扑，他们蜗居西南边境，与仇视新中国和共产党的匪患沆瀣一气、里应外合。国民党残兵在李弥的带领下，成立了所谓的"云南人民反共救国军"，一直在边境策划骚乱，甚至挑拨当地少数民族和共产党、解放军之间的关系。1950年5月，就发生被国民党挑唆误信偏听的景颇族山官排启仁，带领景颇族打死打伤借道而过的解放军战士的事。

第二,长期以来民族压迫的存在,使少数民族与汉族之间有较大芥蒂。由于历史的原因,边疆少数民族群众长期受内地封建王朝和云南地方政权的统治和压迫,被迫承担沉重的赋税和徭役。从唐朝以来,由于滇西地区盛产金银,历史典籍中就曾有少数民族先民给中央王朝缴纳贡赋的记载。再加上云南地处边疆,为了维持边境稳定,中央王朝在边境地区实行了羁縻政策。到了清朝雍正年间,滇西地区并未跟随内地实行"改土归流",反而导致少数民族先民和汉族之间由于交流沟通较少而产生隔阂,久而久之,部分少数民族先民就产生了仇视、惧怕汉族的情绪。滇西解放初期,由于恐惧汉族,一部分景颇族居民甚至背井离乡,外逃到缅甸生活。

第三,少数民族之间和少数民族内部也有非常尖锐的民族矛盾。景颇族属于迁徙的民族,在漫漫历史岁月中,他们为了躲避战乱和追寻更好的生活,从青海湖日月山附近逐渐往南迁徙,在

第三章 景颇族的历史文化

明末清初年间迁徙到滇西地区，但是此时的滇西地区，已经早就被傣族先民所占据。傣族世代居住在适宜农业生产的河谷平坝地带，景颇族先民只能居住在高山密林之中，以简单的刀耕火种维持生活。经济文化发展水平的参差不齐，经常导致傣、景先民的械斗；再加上文化习俗和宗教信仰的巨大差异，也经常引发民族冲突；此外，由于景颇族内部支系较多，各支系之间也因为种种原因，存在各种矛盾。

第四，滇西边境经济、文化、教育、卫生发展水平也较低。由于滇西地区地处祖国边境，长期受到民族压迫、战乱侵扰，经济发展较为缓慢，从而导致教育文化事业发展非常滞后。直到近代，少数民族中间也只有土司、山官才能受到较好的教育，大部分景颇族先民由于经济和社会地位的原因，一直都没有受教育的权利，很大一部分景颇族先民甚至是在传教士进入滇西后才有了接触一点点教育的可能。此外，滇西地区由于常年雨热同期，经常引发一系列烈性传染病、瘴疠、疟疾四处横行，给当地少数民族造成很大困苦。

此时的滇西解放区，外有虎视眈眈的反革命分子，内有经济文化发展参差不齐的各个少数民族，内外交困。这些问题中的任何一个若是处理不当或者不及时，都会成为威胁爱国统一战线的巨大隐患，会给刚刚成立不久的新中国带来巨大的潜藏危机，造成难以估量的后果。

为了让各民族共同分享新中国成立的喜悦，也为了在真正意义上团结各民族，稳定、和平地恢复和发展边疆地区的经济生产，中共中央、中共云南省委和保山地委做了一系列卓有成效的努力。

一是坚持不懈地开展剿匪斗争，稳定滇西边境。云南解放后，中共云南省委、省人民政府和云南省军区成立了以陈赓为主任委员的云南省剿匪委员会。1950年，中共保山地委成立了保山地区剿匪委员会，组织发动针对境内外反动势力的剿匪斗争。剿匪委员会下设芒市、腾冲2个分站，针对滇西德宏地区地形复杂、民族众多、气候条

第三章 景颇族的历史文化

件不理想等众多特征,进行了系统科学的分析,认为充分发挥少数民族在剿匪过程中的作用是取得此次战争胜利的关键。委员会深入发动和联合当地少数民族群众,建立了包括景颇族在内的7个民族基干连。基干连的同志发扬了"从群众中来,到群众中去"的斗争方法,积极发动少数民族群众开展灵活机动的剿匪斗争。截至1951年底,滇西境内的各种土匪已基本肃清,遏制了国民党残余部队和境外反动势力的破坏活动。土匪残部流窜到缅甸,再也没能威胁边境安定,剿匪斗争从此由军事打击为主变为群众性的政治攻势为主,保证了滇西边疆地区的社会生产建设和经济发展得以顺利进行。

二是团结、稳定少数民族上层,加强滇西少数民族地区的统一战线工作。针对少数民族和汉族之间矛盾、芥蒂突出的特点,中共中央西南局提出了"在云南边疆民族地区必须坚持争取团结上层人物与巩固爱国统一战线,以加强对敌斗争和巩固国防"的方针。时任中共中央西南局第一书记的邓小平也指出:"有了民族团结,就有了国防;没有民族团结,就没有国防。"在滇西景颇族地区,保山地委开展了一系列争取民族上层认可、团结少数民族群众的活动。1950年德宏解放后,部分景颇族上层首领在与共产党的接触中,逐渐意识到共产党在领导人民反抗民族压迫中的重要作用,开始"与共产党交朋友"。景颇族著名宗教领袖司拉山、陇川县景颇族世袭山官雷春国、景颇族大斋瓦沙万福等景颇族上层领袖通过与共产党的接触,逐渐认识和理解新中国的民族统一战线和民族政策,开始拥护和支持新中国的社会主义制度。此外,党和政府也采取一系列办法培养提拔景颇族干部,并且建立了民族干部学校,对选拔出来的景颇族干部、景颇族上层子女和景颇族群众进行培养,使得他们尽快成长起来。在面对汉族和景颇族的矛盾时,这些干部充分发挥自己在景颇族群众中的影响和声望,打消景颇族群众的疑虑,消除汉景隔阂,为疏通和稳定民族关系、团结和促进边境少数民族的发展做出了巨大的贡献。

三是成立民族工作队，开展广泛的群众工作。针对边疆少数民族之间和民族内部矛盾尖锐的问题，在1952年，中共云南省委组织民族工作队分成两批到滇西少数民族聚居区开展民族团结工作。在工作中，工作队成员严格遵守纪律，尊重少数民族的风俗习惯，实实在在地为少数民族群众做好事。教他们发展生产、帮助他们做农活，遇到少数民族之间的纠纷，第一时间制止，并积极做协调工作，耐心讲道理，和他们充分沟通交流，尽力消除民族矛盾；针对大部分景颇族群众信仰基督教的情况，与景颇族基督教领袖司拉山积极沟通，讲解共产党的民族宗教政策，表明共产党尊重景颇族宗教信仰，也尊重正常的有利于宗教信徒身心发展的宗教活动，对于景颇族的原始宗教信仰，工作队也认真做好山官、斋瓦、董萨的团结和改造工作；同时，积极帮助景颇族人民防病治病，工作队中均配备专业医疗队伍，跋山涉水到各个村寨为群众治病，治好了很多疑难杂症、沉疴宿疾；在治疗过程中，工作队员还积极宣传医疗卫生知识，教导少数民族群众要讲卫生，防止传染病扩散；针对景颇族群众过去宁信鬼神也不看病的传统，耐心引导、教育……工作队细致入微的工作，得到了滇西少数民族群众的一致赞扬和拥护。

经过推行一系列卓有成效的政策和措施，稳定了边疆少数民族地区的局势，为建立和巩固社会主义政权，恢复和发展社会生产创造了有利的环境。

1953年7月，在报请中央批准之后，滇西地区召开了德宏首届各族各界人民代表会议，经过协商，决定成立德宏傣族景颇族自治区，下辖潞西县、瑞丽县、陇川县、盈江县、莲山县、梁河县、县级畹町镇，刀京版为第一任主席，龚绶、衎景泰、多永安、雷春国（景颇族）、排启仁（景颇族）、司拉山（景颇族）、段华明7人当选为副主席。会议通过了《当前边疆民族地区发展生产的15项具体政策》《自治区首届各族各级人民代表会议决议》《自治区人民政府今后两年施政纲要》等6个文件。1956年4月,德宏傣族景颇族自治区改为德宏傣族景颇族自治州。德宏傣族景颇族自治州的设置,稳定了边疆政治区划,为民族关系的良好发展、经济社会的稳步前进及科教文卫事业的进步奠定了良好的基础。

(二) 跨世纪的飞跃

景颇族是我国8个"直接过渡民族"(简称"直过民族")之一。"直过民族"是我国特殊历史条件下形成的特定概念,是特指一部分还处于原始社会末期和从原始公社向阶级社会过渡阶段或已进入阶级社会,但阶级分化不明显、土地占有不集中、生产力水平低下的边疆少数民族。在新中国成立之后,党和政府长期帮助,采取"直接过渡"方式,通过特殊的帮扶政策,使其跨越几个社会历史发展阶段,直接地但却是逐步地过渡到社会主义的各少数民族。"直过民族"并非一个单独民族的名称,而是一类民族的集合体,是特殊区域制度的产物。

德宏州"直接过渡"政策的出台经历了科学细致的考察和精细严密的论证。1953年初,保山地委派出工作队赴潞西县对当地的景颇族、德昂族和傈僳族居民进行考察,考察内容涉及上述少数民族的经济生产、教育文化、习俗民风等,随后提出一个假设:针对这些地处山川阻隔、交通不便、生存条件极为恶劣的山区和半山区的少数民族居民,以"团结、生产"为目标,直接跨越并迈入社会主义的意见,报请云南省委同意,再次派遣省边委调研室主任马曜2次深入潞西县西山景颇族地区与民族工作队的基层干部一起用40天时间开展调查,调查了41个以景颇族为主的聚居村寨、6个典型寨、14个典型户,涉及景颇族950户4103人,汉族107户471人,德昂族16户78人,继续深入发掘"直接过渡"政策的可行性,并形成了《从遮放西山地区的情况看景颇族地区的生产问题》及《关于遮放西山景颇族地区团结生产的初步意见》2个调研方案。经过系统科学的论证,"直接过渡"政策开始系统化、理

第三章 景颇族的历史文化

论化。1953年11月,中共云南省委以调研报告为依据向西南局和中央正式提出"直接过渡"政策的设想,并多次向中央就此问题进行汇报。1954年6月,"直接过渡"政策正式在云南实施。

直过政策在德宏的具体实施也经历了从小到大、从大到广的推广过程。1954年初,德宏傣族景颇族自治区刚成立不久,就在少数民族聚居区试点开办了4个农业生产合作社,其中潞西县西山乡赵老三合作社、盈江县芒桑村岳早贡合作社和陇川县邦瓦村勒勤合作社都是以景颇族为主要支柱力量的合作社。1955年,本着"积极稳步"的方针,全区又建成了13个合作社,这些合作社大部分都曾经处于景颇族山官的管辖范围,虽然解放了,但是臣服于山官统治的习俗还难以更改,为此,政府部门深入村寨认真对景颇族民族上层做思想工作,解释"直接过渡"政策的内容和目的,分析"直接过渡"政策的优点,打消了景颇族上层的疑虑,使他们逐渐接受并认可"直接过渡"政策,为"直接过渡"政策的实施扫除了障碍。至此"直接过渡"政策在德宏州轰轰烈烈地实施起来。

第一,加强对景颇族山官的团结和改造工作,以求能够稳步推进直过政策的实施。通过此前民族干部培训班的培养和教育,很大一部分曾经在解放前担任景颇族山官的人员及一些景颇族群众快速地成长起来。对待这一批有声望、有经验、有文化的景颇族干部,党和政府根据他们各自的特点安排合适的岗位,不仅在政治上寄予厚望和帮助,在生活上也给予他们适当的照顾,有时还组织他们到昆明、北京等大城市参观学习,使他们深刻感受到新中国政权的强大,使他们能够油然升起中华民族的认同感和自豪感。据统计,这一阶段有258名景颇族领导干部担任县级及以上领导职位,其中,石老二、雷春国、司拉山、排启仁都曾经担任过德宏州副州长。任用这批景颇族干部,起到了加强统战工作,发挥了景颇族上层在党和政府与景颇族群众之间的桥梁作用,为德宏州当地社会稳定发展和民族团结做出巨大贡献。

第二,充分发挥景颇族生产合作社的能动性,促进农业生产。党和政府根据景颇族生产合作社的特点,大力鼓励社员划地开荒,派遣技术员教给社员们生产劳作及畜养技术,提供无息、低息贷款,兴建小型水利工程设施等。这一系列有针对性惠民政策的实施,使得合作社里景颇族群众生产热情空前高涨。他们积极投入农业生产,改变过去落后的生产方式,兴修水利、开垦荒田、种植各类农作物,在较短的时间内实现了景颇族合作社在土地面积、农产品亩产量方面较大幅度提升的目标。景颇族合作社的成功也带动了其他少数民族群众,在德宏州境内掀起了一股兴办合作社的高潮。通过直接过渡,逐渐消除了山官制度下的特权和神秘的等级观念,废除了景颇族历史上长期压迫群众的山官制度,废除了山官对景颇族群众的直接剥削,建立了符合社会主义建设氛围的集体所有制。

第三,在建立生产合作社的同时也建立相应

的文化站。确立了"五抓""两带"工作方针,即"抓培养民族干部、抓生产、抓生活、抓文化教育、抓卫生防疫"和"带生活、带先进思想";有针对性地设置了一系列教育、卫生、银行、贸易等机构;在合作社内大力营造文化氛围,引导景颇族群众改变落后的卫生习惯;开办工读学校,有意识地引导他们破除鬼神迷信思想;深入景颇族群众,开展爱国主义思想教育;从昆明、保山各地派遣有知识、有技术的工作队支持合作社和文化站的建设,使文化站成为景颇族山村的政治、经济和文化中心,有力地推动了景颇族山区向社会主义的直接过渡进程。

经过上述科学合理的措施,景颇族山区稳步实现了向社会主义的直接过渡。

(三)动荡与出走

1957年4月,在社会主义改造基本完成、社会主义建设即将全面展开的历史转折关头,全国开展了轰轰烈烈的整风"反右"运动。9月,中共云南省委决定此次整风运动的目的是正确处理人民内部矛盾，不是阶级斗争，并且要求各地不要扩大化，但是受到"左"倾思潮的影响，地处祖国西南边陲的景颇族地区仍旧不可避免地卷入这次运动中。在整风"反右"运动开展的同时，德宏地区还开展了"反地方民族主义运动"。在两次运动中，部分景颇族干部和知识分子受到了不公正的对待，部分民族干部受到了不同程度的冲击，受这些景颇族干部和其他少数民族干部被错误对待的影响，德宏边境地区开始出现了边民外出的问题。

1957年10月开始的"大跃进"和"人民公社化运动"也给德宏地区的景颇族带来了巨大影响。1958年初，为了贯彻落实中央"大跃进"精神，德宏地委发动了"农业大跃进""工业大跃进"和"人民公社化运动"。在"农业大跃进"运动中，德宏地委和各级县委要求各级政府深入贯彻落实中央精神，要求德宏农业生产在1958年底要放出六大卫星。在"工业大跃进"运动中，由于各级各地党政机关事前没有做过充分合理的调查，急于求成，夸大主观意志和主观努力的作用，助长了"浮夸风"的盛行，造成了巨大的经济损失。

在"大跃进"运动开展的同时，德宏地委根据中央大协作、小社并大社的要求，又发动了"人民公社化运动"。要求各级政府合并合作社，建立人民公社。受"一大二公"思想的影响，德宏境内的潞西县西山区营盘乡芒良景颇族公社率先建立起公共食堂，成为滇西片区的典型，结果不到一年，就无法再办下去。由于群众生活受到影响，部分景颇族社员开始外出到缅甸。据统计，当时德宏全州外出缅甸的边民达到57022人，占景颇族群众的50%左右。其中芒良社32户125人仅剩下12户50人左右。

一系列运动的开展，严重影响了景颇族地区社会经济的发展，地方政府和中央发现这一问题后，也不断反思，开始认真研判当时的社会发展情况，从中央层面制定了"调整、巩固、充实、提高"八字方针，鼓励边疆少数民族地区恢复和

第三章 景颇族的历史文化

发展生产。1959年4月,经过细致的调查,决定停止在边疆地区开办人民公社,恢复和调整公社规模;推翻人民公社建设时期的错误决定,进行部分经济退赔,维护少数民族利益;开始有计划、分步骤地恢复景颇族居民的劳动生产活动。根据当时景颇族合作社的实际情况,开展了以建设文明边疆为主旨的"家务建设"活动。"家务建设"活动要求从帮助景颇族居民搞好居住环境、改善卫生习惯、改变落后的民族习俗入手,以建设健康文明的生活来改变精神状态,再从良好的精神状态出发推动物质生产的发展。很快,"家务建设"活动得到了景颇族居民的积极响应,德宏陇川邦瓦村成为推广这一活动的典型,1965年,该村取得了自新中国建立以来最为巨大的经济建设成就。

1966年,"文化大革命"发动。6月,德宏工委传达了《五一六通知》精神,"文化大革命"在德宏全境展开,全州各级领导干部不同程度地遭受批斗。在基层,部分景颇族干部和一些技术骨干也被扣上走资派的帽子，造成了大量的冤假错案。"人民公社化运动"卷土重来，省革委会要求德宏在10日之内实现人民公社化。很多居民基本的生活条件难以得到保障，德宏再次出现了少数居民外出缅甸的情况。这场运动给德宏地区带来了难以估计的巨大损失，严重影响了德宏景颇族社会经济的发展。

（四）社会主义建设新时期

1976年10月6日，中共中央政治局粉碎了"四人帮"，"文化大革命"至此结束。消息传来，德宏州一片沸腾。10月18日，州、县各级群众自发举行盛大集会和游行，庆祝党中央的英明决定。1979年，受中共云南省委的委托，中共云南省委统战部为在"文化大革命"中受迫害的少数民族领导干部平反昭雪，尚自贵、司拉山、雷春国等都得到平反，其余受到迫害的少数民族干部也都公开平反，一些冤假错案进行了公开审理；同年4月，德宏州委配合中共云南省委组织的民族工作组深入德宏民族地区开展了一系列贯彻党

第三章 景颇族的历史文化

的民族政策落实效果的检查,德宏州委以此为契机举行了长达一年半的民族政策再教育活动,收到了良好的效果。此外德宏州委在落实党的宗教政策的基础上,也指导德宏当地少数民族宗教信仰步入正轨。经过一系列民族政策的实施,十年浩劫的不良影响基本被肃清,德宏州景颇族群众迈入社会主义建设的第一个新时期。

第一,恢复和发展景颇族地区的经济生产。十一届三中全会以后,德宏州委贯彻实施家庭联产承包责任制,将土地产权分为所有权和经营权,实行包产到户,形成了一套有统有分、统分结合的双层经营体制。时任陇川县委书记的丁老五一开始怕景颇族农民遭受损失,不敢摊开推行家庭联产承包责任制,在少数民族群众的纷纷要求下,他深入调查包产到户的生产队,切实了解景颇族群众的需求,深受触动,遂在全县推行。家庭联产承包责任制的推行,使得景颇族农民从集体经济中单纯的劳动者变成既是生产者又是经营者,不仅大大调动他们的生产积极性,还能较好地发挥劳动和土地的潜力,直至1981年底,德宏州几乎所有的生产队都推广了各种形式的包产到户,德宏州仅用两年的时间,就基本解决了全州景颇族以及其他各族农民的温饱问题。在家庭联产承包责任制推行的基础上,各级政府顺应新形势,把人民公社调整建制为乡镇政府和党委,生产大队变为村。农村行政管理体制改革,适应了社会主义经济社会发展的需求,能够更好地处理社会经济发展问题。此外德宏州还根据地质环境和气候特点,鼓励种植甘蔗、茶叶,并把畜牧业和林业作为主要发展对象,积极号召景颇族群众发展多种经营,发展乡镇企业,推动个体私营经济全面发展,合理调整产业结构。这些措施的施行,使景颇族群众的生活得到了极大的改善。

第二,完善了各类景颇族聚居区的基础设施建设。十一届三中全会以后,德宏州在景颇族聚居区实行了多种修筑公路的办法,截至1998年,辖区内所有乡镇全部都通了公路,州内公路总里程达3838.4公里,方便了少数民族群众的交流和沟通。此外在水利资源建设和能源建设等方面，德宏州充分发挥水资源和地质资源优势，建成投产了一大批水电站和水利基础设施，部分水电站就建设在景颇族村寨旁边。水电站的建成，使德宏州从能源需求州变为输送州，一劳永逸地解决了能源问题。此外水利基础设施的建设也解决了农业灌溉的问题，为景颇族农业生产发展奠定了扎实的基础。

第三，大力发展景颇族民族文化教育。民族要振兴，教育是根本。自解放以来，德宏州历来重视景颇族的民族教育，十一届三中全会之后，德宏州委、州政府大力振兴景颇族的民族教育，在景颇族的村寨建立小学，乡镇一级设置初中，保证国家九年义务教育在景颇族地区的顺利推行。此外，专门开办德宏州民族师范学校和德宏教育学院，鼎力支持培养精通景颇语和汉语的双语教师，组织编写景汉双语教材；组织在编教师参加双语培训，推广景颇族语言和文字，编印《德宏团结报》（景颇语、载瓦语）；发展景颇族文学，保护景颇族非物质文化遗产。经过一系列政策的有效推进和实施,涌现出一批优秀的景颇族教师、景颇族文学家,为推动景颇族历史文化的传承和保护、加大各民族之间教育文化的交流起到了积极的作用。

第四,推进景颇族地区卫生事业的发展。景颇族群众由于历史原因,长期以来生活在山林之中,恶劣的自然环境经常滋生疟疾和瘴疠。在"文化大革命"期间,由于卫生事业发展停滞,景颇族群众就医不及时,个别景颇族乡村还曾经爆发过大规模的鼠疫,给景颇族群众的健康埋下巨大隐患。十一届三中全会以来,这一情况得到巨大改善,截至1995年,全州共建成226个卫生机构,建成了德宏州卫生学校,培养了一大批医生,其中,也涌现出像何木兰、张韶兰等一批技术精湛的景颇族医生,满足了景颇族聚居区群众对医疗条件的需求。

第五,经济、文化、卫生的大力发展促进了景颇族对外交流的发展。改革开放以来,为了深

入贯彻邓小平1992年视察南方重要谈话精神,德宏州利用边境优势,全面实行边境对外开放。在经济飞速发展的促进下,德宏州的对外贸易和交流得到了大幅提升,对外贸易的蓬勃发展又反过来促进景颇族地区的商品经济生产,商品经济的发展又大力改善景颇族居民的生活环境。景颇族村寨的生活较之以往都有了很大的变化,摩托、拖拉机、电视机、洗衣机等在景颇族村寨早已不是新鲜事物。

此外,对景颇族地区落后传统习俗也从多方面、多角度进行了改革,推动了德宏州社会主义精神文明建设。

(五) 开创中国特色社会主义的新局面

2002年,中国共产党第十六次全国代表大会在北京召开。大会做出全面建设小康社会、开创中国特色社会主义事业新局面的决议,景颇族社会发展迈入新时代。

第一,调整和优化景颇族农村农业产业结构,加大对景颇族农村经济发展的投入,深化景颇族农村改革。德宏州围绕建设社会主义新农村,通过巩固传统农产品种植和重点推广特色农产品种植齐头并进的方式,带动广大景颇族农户积极参与农村产业结构调整,收到了良好的效果。如:潞西市五岔路乡是一个典型的以景颇族为主、多种少数民族交错杂居的山区乡。进入21世纪以来,五岔路乡按照"稳粮、优蔗、改茶、抓果、促工、活贸、还林"的发展思路,积极响应政府优化产业的决策,很快就取得良好的效果。甘蔗、茶叶、水果及其他经济作物不仅增加了种植面积,亩产也得到了提升,还带动了畜牧业的发展,成为潞西市景颇族乡村脱贫致富的典范。其他景颇族乡村也在政府的带动下,因地制宜,主动寻求适合自身发展的道路,农业、林业、畜牧业、水产养殖业等多方面的发展取得丰硕成果,为德宏州经济建设贡献力量。

第二,以农业发展为基础,加快发展各类景颇族特色民族企业。进入21世纪以后,德宏州从实际出发,根据景颇族多种农产品生产齐头并进

第三章 景颇族的历史文化

的特点，引进先进的生产技术，以多种方式帮助景颇族农村建成了一批农副产品加工业，培育了一批以橡胶、大米、咖啡、坚果、柠檬、蔗糖、皂荚等优势农产品加工为主的乡镇企业；再利用德宏州良好的区位优势和对外贸易的便捷，带动乡镇其他类型民营企业的建设和发展，涌现出一批优秀的景颇族企业家，其中以景成集团董事长董勒成最为著名。他从零售业起家，一方面从事汽车配件的小宗销售业务，另一方面积极从事边境贸易和进出口贸易，带领景成集团从一个小微企业逐渐成熟壮大为实力雄厚，集酒店旅游业、工程建筑房地产业、冶金矿业、现代农业、金融业、航空产业多元经营的边疆民营龙头企业集团。董勒成本人也被誉为"景颇族第一代商人"。

第三，继续推进和发展景颇族民族教育，加快人才培养。教育兴，则民族兴。一直以来，德宏州委、州政府都把发展民族教育作为阻断景颇族贫困代际传递的根本手段，实施"科教兴州"战略，推进教育综合改革，在景颇族聚居区普及义务教育，初步建立起基础教育、成人教育、职业教育、高等教育多种教育类型全面发展的民族教育体系。尤其是2006年德宏师范高等专科学校改制建成和2008年德宏职业学院的成立，为德宏州政治经济、科教文卫等各领域的发展输送了一大批高素质的景颇族人才，为边疆民族高等教育事业的发展贡献了巨大的力量。

第四，加大脱贫攻坚力度。经过长期以来的发展，大部分景颇族乡村已经改变了过去一穷二白的落后面貌，但是仍有部分景颇族乡村由于地理条件的限制，还没有迈入小康社会。近年来，尤其是2018年党的十九大胜利召开以来，在以习近平同志为核心的党中央的带领下，德宏州不断加大脱扶贫攻坚力度，以精准扶贫、精准脱贫为指导，重点抓好景颇族贫困山村基础设施、居民住房、群众收入、素质提升等工作，建成了贫困对象动态管理、扶贫项目精准施策、产业扶贫、电商精准扶贫、生态补偿带动、农村劳动力精准转移培训就业、教育卫生旅游精准扶贫、"万企帮

第三章 景颇族的历史文化

万村"精准帮扶、社会保障兜底、抓党建促扶贫等精准扶贫体系，使全州脱贫攻坚工作实现了从"粗放式扶贫"到"精准扶贫"的转变。纵观德宏州多年来的扶贫工作，大致可以分为以下几个阶段。

一是1978年到1985年的小规模区域扶贫阶段。1978年底，我国农村开展了以家庭联产承包责任制为中心的体制改革，州委、州政府结合德宏景颇族聚居区的实际情况，提出扶贫工作方针、指导原则和扶贫经济发展的一系列政策措施，有效推动了贫困地区经济社会的发展。1985年末较1978年末主要经济指标大幅增长，德宏州山区农林牧渔业总产值由12411万元增长至28097万元，增长1.26倍；粮食生产总量由27.77万吨增长至33.18万吨；农民人均纯收入由87元上升至289元，初步缓解了农村贫困问题。

二是1986年到1993年大规模有针对性的扶贫阶段。1986年德宏州成立多种经营办公室，主要负责山区茶叶生产和扶贫工作；1989年成立德宏州山区工作委员会及办公室,负责山区扶贫工作。中央、省、州各级安排专项扶贫资金,制定专门的优惠政策,确定了开发式扶贫的方针。1993年末较1985年末主要经济指标大幅增长,德宏州山区农林牧渔业总产值由28097万元增长至154802万元,增长4.5倍;粮食生产总量达43万吨,较1985年增长10万吨;农民人均纯收入由289元上升至780元,大大缓解了农村贫困问题。

三是1994年到2000年"八七扶贫攻坚计划"实施阶段。根据1994年3月公布实施的《国家"八七扶贫攻坚计划"》精神,明确要求集中人力、物力、财力,用7年左右的时间,基本解决8000万农村贫困人口的温饱问题。1995年末,按照"人均纯收入500元以下"的贫困线标准,经排查,德宏州有特困人口17.01万人,此类贫困人口绝大部分居住在边境一线和少数民族聚居的山区。为实现到2000年基本消除农村绝对贫困这一伟大目标,1995年12月23日,中共德宏州委三届三次全会审议通过中共德宏州委关于"九五"扶贫攻坚计划,德宏州有组织、有计划、大规模扶贫开发工作全面启动;1996年4月州委、州政府决定把山区工作委员会办公室、州烟草生产办公室合并成立州人民政府扶贫开发领导小组办公室,加大扶贫开发工作力度。"九五"扶贫攻坚期间,投入各类扶贫资金11668.8万元,实施18个扶贫攻坚乡项目、26个特困自然村项目,发放小额信贷资金1261万元,覆盖21个乡,扶持贫困户12427户;同时,建立挂钩扶贫责任制,1996年起,德宏州五大机关领导分别挂钩到县市,州和县市部门挂钩扶贫攻坚乡村,州和县市360多个单位先后派出6636人次分批次到扶贫点开展驻点帮扶工作,累计投入帮扶资金672万元。通过扶贫开发,农村经济总收入从1995年末的43557万元上升至2000年末的63943万元,增加46.8%;农民人均纯收入至2000年末达到1142元,增加280元;山区粮食总产量从1995年末的14469万公斤上升至2000年末的14654万公斤,增加1.3%;基本解决12.89万极端特困人口温饱问题，德宏州特困人口由17.01万人下降至4.12万人。

四是2001年到2010年"中国农村扶贫开发纲要"实施阶段。2001年，我国颁布实施《中国农村扶贫开发纲要（2001—2010年）》。全国扶贫工作重点放到西部地区，贫困村成为重点帮扶对象，提高扶贫标准，加大投入力度，把稳定解决扶贫对象温饱、尽快实现脱贫致富作为首要任务；强调参与式扶贫，以村为单位进行综合开发和整村推进。为此，德宏州共投入各类扶贫资金10.64亿元，实施扶贫重点村34个，扶贫安居温饱村87个，整村推进1593个（村民小组）和2个小康示范村；组织农村劳动力培训转移61633人次，实施扶贫安居工程20076户，完成易地扶贫搬迁18321人，农民人均纯收入2010年末达到3368元。但是，在景颇族群众集中居住的地方，由于居住环境闭塞，生存条件恶劣，生产发展缓慢，绝对贫困现象仍然十分突出，据2003年对全州5个县市"直过区"20个村寨757户3585人

(其中有景颇族555户2689人)的经济调查,人均纯收入为768元,全部处于相对贫困线以下;2005年,全州有13.4万景颇族人口,人均纯收入在924元以下的达到9.5万人,景颇族群众聚居区的脱贫攻坚任务仍然任重道远。

五是2011年到2015年"十二五"扶贫开发阶段。2012年6月14日,国务院扶贫办公布11个集中连片特殊困难地区和西藏、四省藏区、新疆南疆三地州,共14个片区680个县,作为新阶段扶贫攻坚的主战场。德宏州芒市、梁河县、盈江县、陇川县4个县市列为滇西边境山区集中连片特困地区。2011年,中央决定将农民人均纯收入2300元作为新的国家扶贫标准,德宏州有农村贫困人口20.62万人。截至2015年末,德宏州共有4个贫困县(芒市、梁河县、盈江县、陇川县)、186个贫困村(53个深度贫困村),有建档立卡贫困人口38924户148972人,其中,未脱贫建档立卡贫困人口24557户88320人,综合贫困发生率为8.78%。

党的十八大以来,德宏州紧紧围绕《中国农村扶贫开发纲要(2011—2020年)》新时期扶贫开发目标,聚焦"边境地区、少数民族聚居区、贫困山区、地震灾区"和贫困人口,加大扶贫开发力度,先后制定出台《关于进一步加强农村扶贫开发工作的意见》《关于加快山区经济社会发展的意见》《关于推进区域发展与扶贫攻坚的实施意见》《关于创新机制扎实推进农村扶贫开发工作的实施意见》等文件,精心编制《德宏州滇西边境片区区域发展与扶贫攻坚总体规划(2011—2020年)》《德宏州"十二五"扶贫开发实施规划》《德宏州特困少数民族脱贫与发展"十二五"规划》等扶贫开发规划方案,德宏州扶贫开发全面实施。同时,将扶贫开发任务列入德宏州20项重点工作和10件为民办实事范畴,重点督查督办;"十二五"期间累计投入中央、省和州财政专项扶贫资金68.1亿元,实施整乡推进9个、行政村整村推进46个、自然村整村推进1008个,兴边富民项目265个,以工代赈项目61

第三章 景颇族的历史文化

个，完成易地扶贫搬迁4567户20336人，实现12.75万人脱贫。德宏州农村常住居民人均可支配收入至2015年末达到7917元。

六是2016年至今的全面推进精准扶贫阶段。德宏州坚持以习近平总书记扶贫论述为根本遵循，深入贯彻落实党中央、国务院和省委、省政府脱贫攻坚决策部署要求，制定一批扶贫政策。围绕脱贫攻坚组织保障、作风建设、干部人才支撑、项目资金使用、宣传引导、驻村帮扶、检查考核等内容，结合德宏实际，先后制定了42份州级脱贫攻坚政策文件，为脱贫攻坚工作提供了有力的政策保障。结合行业部门职能职责和行业扶贫要求，围绕年度脱贫目标任务，制定出台了易地扶贫搬迁、产业扶贫等19个行业扶贫方案。2016年以来，德宏州共投入各类扶贫资金65.55亿元，实施了一大批扶贫项目。2016年至2017年，德宏州实现1个贫困县（芒市）脱贫摘帽，5个贫困乡、75个贫困村脱贫出列，实现净脱贫11448户42859人，贫困发生率从8.78%下降至4.97%。

贫困地区农民人均可支配收入由2015年末的7917元增加到2017年末的9464元。

1. 制定脱贫攻坚规划。围绕国家和省的脱贫攻坚总体目标，结合德宏实际，制定了《德宏州"十三五"脱贫攻坚规划》，根据三峡集团和云南省烟草公司对口帮扶工作实际，结合景颇族聚居区贫困状况和帮扶需求，制定了《德宏州景颇族精准脱贫攻坚规划》，为"直过民族"和"人口较少民族"聚居区精准脱贫制定了路线图和施工图。

2. 扎实开展精准扶贫、精准脱贫。率先在全省开展精准识别动态管理。按照"六个精准"要求，瞄准现行扶贫标准下建档立卡贫困人口，聚焦贫困地区，集中力量推进易地扶贫搬迁、产业扶贫、生态扶贫、健康扶贫、教育扶贫、素质提升、农村危房改造、人居环境提升、强边固防等重点工作，因地制宜、因村因户因人分类施策，确保焦点不散、靶心不变，不漏一村、不落一人。坚持"应纳尽纳、应退尽退、应扶尽扶"原则，

第三章 景颇族的历史文化

在全省率先开展贫困对象动态管理，先后组织5次大规模、全覆盖式的贫困对象精准识别和建档立卡工作，做到"乡不漏村、村不漏户、户不漏人"，实现扶贫对象精准。截至2018年7月31日，全国扶贫开发信息系统数据显示，德宏州共有建档立卡贫困人口38924户148972人。

3. 创新思路，全面推进危房改造。制定出台了《关于提升城乡人居环境开展农村住房改善工程的实施意见》，在全省率先实施了非"四类重点对象"农村住房改善工程，有效改善了城乡居民的住房条件。经排查，全州共有农村危房41109户，目前，已开工建设28636户，竣工27605户。

4. 扎实推进易地扶贫搬迁。根据《国家"十三五"时期易地扶贫搬迁工作方案》《云南省易地扶贫搬迁三年行动计划》等文件精神，"十三五"时期，国家、省确定德宏州易地扶贫搬迁建档立卡人口任务为17378人。2016年5月20日，出台《德宏州易地扶贫搬迁三年行动计划实施方案》，明确提出：德宏州"十三五"期间计划完成13596户51368人的易地扶贫搬迁目标任务，其中建档立卡贫困户5213户17378人。以搬迁农户住房和新村基础设施、公共服务设施建设为重点，全面推进易地扶贫搬迁项目，确保群众住房安全有保障。目前，德宏州已启动易地扶贫搬迁项目160个，其中集中安置项目115个，分散搬迁项目45个，入住率已达到85%以上。同时完成道路建设175公里，饮水管网620公里，电网建设112公里，活动室建设9023平方米。

5. 全力抓好产业扶贫。按照"县有主导产业、乡有支柱产业、村有骨干产业、户有增收项目"的思路和原则，在抓好甘蔗、烟草、咖啡、坚果等传统优势产业的同时，大力发展蚕桑和畜牧等新兴支柱产业，确保每个贫困村有1至2个产业项目，每个贫困户至少有1项产业增收项目，实现"就业一人，脱贫一户"。按照"缺什么、补什么"的原则加大产业帮扶力度，大力实施农村道路通畅工程。加快推进重点水利工程，抓好农田水利、农村饮水安全巩固提升、河道治理等项目。深入实施城乡人居环境提升行动，推进农村"七改三清""厕所革命"等工作，努力建设美丽宜居乡村。同时，坚持"一村一策、一户一法，扶贫先扶智、扶贫必扶志"及"脱贫先断穷根"的思路和方法，围绕贫困群众、贫困地区的致贫原因，创新扶贫工作措施，激发贫困群众内生动力，增强贫困群众自我发展能力。

6. 教育扶贫实现"两个全覆盖"。2016年以来，德宏州加快实施教育扶贫工程，全面实施教育帮扶"两个全覆盖"，确保建档立卡贫困户不因贫失（辍）学、不因学致贫。加大教育资助政策宣传力度，确保学生资助政策家喻户晓；全面落实资助政策，2016年至今，德宏州发放学生奖、贷、减、免、补教育帮扶资金8.31亿元，惠及建档立卡户学生83249人次，发放资金1.72亿元；创新帮扶举措，制定了《关于实施建档立卡贫困户教育帮扶计划的通知》。从2016年秋季学期开始，州、县财政按照"1555"标准，对德宏州建档立卡贫困户子女给予教育精准扶贫补助。2016年以来,德宏州共计发放"1555"教育补助资金1781万元,惠及建档立卡贫困户学生14054人次。

通过一系列惠民政策的实施,相信在不久的将来,德宏景颇族地区一定能够抓住和利用好重要战略机遇,开创景颇族地区经济社会科学发展、和谐发展、跨越发展的新局面。

史海拾遗

一、西南丝绸之路

被誉为"西南丝绸之路"的蜀身毒道是指从四川出发,经云南德宏到达缅甸直至印度的商路,是我国最早向世界打开的一个窗口。德宏作为该通道的必经之路,具有重要作用。这条道路分东西两条通道,东线从成都出发,经眉山、乐山、盐津、昭通、毕节、曲靖、昆明、楚雄、大理、永平、保山、腾冲、盈江等地到达缅甸和印度;

西线经邛崃、灵官、西昌、会理、大姚、姚安至大理、永平、保山、腾冲、盈江等地到达缅甸和印度。它沟通了我国西南与南亚、西亚等国家的联系，促进了中外经济文化的交流。

二、八关九隘

明万历二十二年（1594年），云南巡抚陈用宾为抵御外敌入侵，奏请朝廷在中缅边境重要门户通道修筑八个关口，并在每关设守备戍守，得到朝廷同意。八个关口又分为上四关和下四关，上四关即神护关、万仞关、巨石关、铜壁关，下四关即铁壁关、虎踞关、汉龙关、天马关。所有关址全部建在地势险要的山上，易守难攻。清朝初年，丢失汉龙和天马两关，后因中缅划界，又把虎踞关和铁壁关划归缅甸，现还保存有四关。乾隆四十五年（1780年），皇帝下旨在铜壁关、铁壁关等险要关内，择沿途要地增设隘所，分别在今天的腾冲、盈江、梁河、陇川等县市设置"九隘"，由北往南分别为：古永隘、滇滩隘、明光隘、大塘隘、止那隘、猛豹隘、坝竹隘、杉木茏隘、石婆坡隘,后来又增加了茨竹寨隘。"八关九隘"的设立,对明清两朝云南边疆的稳定起了重要作用。

三、中英滇缅勘界

1885年,英国侵占缅甸后,原来归属勐板土司管辖的一些土地被英国殖民者侵吞,中国西南边疆受到严重威胁。光绪二十三年(1897年),英国胁迫清政府签订《中缅条约暨附属专款》,决定双方于1898年12月2日至1899年4月23日派员勘查滇缅边界。在勘界划标过程中,清朝界务大臣刘万胜接受英方贿赂,将历史上归属中国管辖的勐养、勐拱、勐艮、勐密等地及八关中的铁壁、虎踞、天马、汉龙四关以及1894年《中英滇缅通商条约》中规定划归中国的木邦、果敢割让给英国,同时将勐卯三角地带(今瑞丽市弄岛境外一带)"永租"给英国,使中国丧失了15.5万平方千米的土地。

四、滇西抗战

抗日战争爆发后,滇西各族人民投入到积极抗战的热情中,从1937年12月到1938年8月,滇西人民仅用9个月时间就筑成被称为"抗战生命线"的滇缅公路。之后,大量援华物资运到中国,有力地支援了中国的抗战。1942年春夏之交,日军占领缅甸后,沿滇缅公路长期直入,企图占领昆明,威逼重庆。从此,滇西成为中国抗战的主战场之一。滇西抗战始于1942年2月16日中国远征军入缅作战,止于1945年1月27日中国远征军与中国驻印军在缅北芒友会师,历时2年零11个月。在滇西抗战过程中,中国远征军和滇西人民付出了巨大的牺牲。滇西抗战首开收复国土之先河,在中国抗战历史上留下光辉一页。

五、德宏和平解放

1949年龙陵解放后,中国共产党成立"滇西人民解放工作委员会"(滇西工作领导小组),统一领导腾龙边区工作。12月腾冲解放后,滇西人民解放工作委员会向德宏边疆发布《告土司民众书》,同时致函盈江土司刀京版、梁河土司龚绶、莲山土司思鸿升,以人民利益为重,迎接解放,得到盈江、梁河土司的响应。1950年4月,中共保山地委、中国人民解放军第十四军第四十一师党委,派专员分别做德宏各土司的争取工作,谈判解放军进驻事宜,得到各土司同意,解放军第四十一师一二一团和一二二团奉命进驻德宏。1950年4月21日至5月15日,解放军先后进驻潞西、梁河、盈江、莲山、陇川、瑞丽,德宏全境解放。同时,保山地委和四十一师党委也派出军政代表团随军进驻。德宏和平解放,迎来了德宏历史的新篇章。

历史之谜

一、红山文化之谜

景颇族学者李向前经过多次实地考察和比较,发现红山文化出土的7000多年前的单孔玉笛与景颇族至今仍在使用的乐器"吐良"完全一样。红山文化出土的陶制手镯，与如今景颇族银制手镯的工艺一脉相承。

二、半坡文化之谜

6300多年前半坡氏族先民居住的圆形环沟建房格局，与今天景颇族为逝世长者修筑的坟墓格局式样完全相同。如今景颇族长者去世时要给他盖"茏颂"尖头圆房和修建"茏卡"墓壕，这与西安半坡遗址建筑设计是一致的。

三、三星堆文化之谜

号称世界第九大奇迹的三星堆文化至今还是一个谜，景颇语把古蜀国称为青蛙国或青蛙王国。景颇族学者李向前经过多次实地考察，并把三星堆出土文物与景颇族现存器物相比较，发现三星堆出土的犀鸟形象与今天景颇族坟头上的犀鸟一致；三星堆人物雕塑的裙子图案与今天景颇族妇女所穿的筒裙图案花纹一模一样。所以，他推断，景颇族可能是三星堆文明的主人，至少也参与了三星堆文明的创建，但三星堆文化还有许多待解之谜，是否与景颇族有关也值得史家进一步去探索。

四、云龙阿昌之谜

董善庆《云龙记往》载：早在三国时代以前，在澜沧江边的云龙旧州一代，就居住着"摆夷""阿昌"（峨昌）、"蒲蛮"三种部族，东晋时期"阿昌"内部已出现较强大的部落酋长，他们赶走了"摆夷"，到南北朝后期又赶走了"蒲蛮"，成为当地的统治部族。董善庆先生根据大量调查研究撰写了此书，但在官方史书中无法得到印证。这些"阿昌"人是否只是"巂""昆明"部族的一部分，还有待后人去揭示。

第四章 景颇族社会经济发展概况

景颇族政治发展概况

一、德宏历代建置与沿革

根据考古证明,早在新石器时代德宏就有人类居住,公元前364年,傣族先民就在今瑞丽江流域建立了勐卯果占壁王国(傣语称"勐卯弄"),公元前4世纪,德宏就成为中国历史上最早通往缅甸、印度、巴基斯坦、阿富汗等国南方丝绸之路"蜀身毒道"的必经之地。在汉文献史籍中,有关德宏历史的最早记载见于《史记·大宛列传》,其中提到西汉元狩元年(公元前122年),张骞出使西域时得到了"滇越乘象国"的相关消息,这里的"滇越",包含了今天德宏和缅甸的部分地区。秦汉时期包括今天的云南、贵州和四川西南部大部分地区,统称为西南夷。汉武帝元鼎六年(前111年)设越嶲郡,元封二年(前109年)设益州郡,东汉明帝永平二年(59年)设永昌郡。景颇族先民中的大部分就居住在这三郡范围内。三国、两晋、南北朝时期,西南夷地区统称为南中。蜀汉诸葛亮平定南中,重新设置郡县,当时的景颇族先民仍居住在永昌等郡及其附近地区。晋王朝对南中少数民族实行压迫政策,致使滇东北人民大量迁居滇中和滇西,景颇族先民也随之大量西迁。南北朝以后,包括永昌郡在内的南中地区处于分裂、割据状态。

唐代,南诏首领皮罗阁在唐朝支持下统一洱海及其周围地区,阁罗凤于756年"北攻嶲州",762年又"西开寻传",当时景颇族居住的西部地区归属南诏设立的丽水节度和永昌节度管辖。丽水节度辖区包括澜沧江以西至缅甸克钦邦境内及过去的"中缅北段未定界",其中,小江流域及

第四章 景颇族社会经济发展概况

片马、岗房、古浪和江心坡地区都是景颇族居住区。东部的景颇族则属丽江路管辖。

宋代，大理国兴起，景颇族居住地区属大理国永昌、腾越金齿部地管辖。南宋嘉熙年间，麓川思可发建立政权，傣族势力强大，当时的一部分景颇族可能被置于傣族的统治之下。

元初，蒙古军队征服了滇西各族地区，至元二十四年（1287年）灭了缅甸新蒲甘王朝，把统治范围扩展到伊洛瓦底江流域，元宪宗四年（1254年）平定大理。元朝进一步加强对边远地区的管辖，在征服的地区设置二十路、四府、四十四甸、二十六部，各设土官，并置金齿都元帅府统辖。至元八年（1271年）分金齿、白夷为东西两路安抚使。十三年（1276年）改西路为建宁路，东路为镇康路。十五年（1278年）改安抚为宣抚，设六路总管府。二十三年（1286年）罢两路宣抚司并入大理、金齿等处宣抚司。当时德宏地区属金齿宣抚司管辖，金齿宣抚司领六路一赕，六路即柔远路（今怒江州）、茫施路（今芒市）、镇康路(今镇康县)、镇西路(即干崖、盏达土司,今盈江县)、平缅路(即南甸土司地,今梁河县)、麓川路(今陇川县和瑞丽市)。一赕即南赕(指茶山、里麻土司地,今小江流域浪速地与江心坡三角地带)。除上述六路一赕外,金齿宣抚司还实际管辖着德宏范围内的南甸军民府和迤西军民总管府(孟养一带)等地。

明代基本承袭了前朝的土司制度。随着麓川王朝的强大,严重威胁着明朝在边疆地区的统治。洪武十八年(1385年)和二十一年(1388年),明朝统治者两次派兵征讨;至永乐年间,把麓川分成十四个土司区;后又于正统六年(1441年)、八年(1443年)、十三年(1448年)多次征讨,最终完成了对该地区的控制。随后,明朝在原有土司制度的基础上先后分割设置了十一个宣慰司、一个副宣慰司、六个安抚司、两个御夷府、三个御夷州、两个御夷长官司和三十五个长官司,统治范围包括今德宏、缅甸南北掸邦直至伊洛瓦底江西岸,北至迈立开江的广大区域。其中包括恩

第四章 景颇族社会经济发展概况

梅开江以东的茶山长官司和江心坡地区的里麻长官司的景颇族聚居地，麓川王国瓦解后，明朝统治者在许多狭小对立的地区分封诸土司，实行分而治之。

明朝时期德宏与祖国内地关系进一步密切，明朝廷在德宏建立土司制度，设立了南甸、干崖、陇川宣抚司和盏达（原莲山）、遮放副宣抚司，芒市、勐卯（瑞丽）安抚司，隶属永昌府腾越州。在景颇族聚居的地区则设立了里麻、茶山两个长官司，任命景颇族山官早姓和刀姓为长官，明永乐五年（1407年）封早章为茶山长官司。茶山长官司先属金齿军民指挥使司，后属永昌卫，继改属腾冲府管辖；里麻长官司直属于云南都司。

清沿明制，增设了腊撒、户撒（今陇川户撒）两个长官司和勐板（今芒市勐戛、法帕）土千总，隶属龙陵厅管辖。德宏一带有10个土司，土司职位世袭相传，实行封建领主制度。自明代1382年设立土司制度，到1956年民主改革时彻底被废止，德宏土司制度经历了574年之久，是云南省土司制度延续最长的地区。

民国初年，国民党在德宏边区各县设置弹压委员会，至民国五年（1916年）改为行政委员会，民国二十一年（1932年）又改为设治局，属"殖边督办"管辖。潞西、瑞丽、陇川、盈江、连山、梁河六县均有设治局，由国民党政府派遣局长。尽管国民党不承认土司的统治，然而土司统治并未动摇，在德宏，土司仍是实际上的统治者。至于山区的景颇族聚居区，大多沿袭山官制，只有在靠近内地汉化程度较深的地区才改设乡、保、甲，但都是山官头人充任乡、保长。

1949年底，滇西工作委员会在腾龙地区开展工作，相继解放了龙陵、腾冲。12月15日，滇西人民解放工作委员会向德宏边疆发布《告土司民众书》，并致函盈江、梁河、莲山各土司要以人民利益为重，迎接解放，得到各土司的积极回应，并纷纷派出代表向滇西人民解放工作委员会当面陈述愿意遵守《告土司民众书》，迎接解放。

1950年4月上旬，中共保山地委、中国人民

第四章 景颇族社会经济发展概况

解放军第十四军第四十一师党委派专员(中共保山地委书记郑刚、专员黄平、腾冲县解放委员会主任寸树声等人)分别对德宏各土司做争取工作,谈判解放军进驻事宜,得到各土司同意。4月21日至5月15日,解放军第四十一师一二一、一二二团先后进驻潞西、盈江、梁河、莲山、陇川、瑞丽,4月28日进驻畹町,德宏全境和平解放。

1950年9月以后,德宏分别建立了潞西县和瑞丽、陇川、盈江、莲山、梁河5个民族行政委员会,隶属保山专区。1952年,经国务院批准,瑞丽、陇川、盈江、莲山、梁河改设县,并设畹町镇,均隶属保山专区。1953年6月17日,中共中央批复西南局、云南省委,同意建立德宏傣族景颇族自治区。7月18日至23日,德宏傣族景颇族自治区首届各族代表会议在芒市召开,会议一致通过将自治区的名称定为"德宏傣族景颇族自治区",辖潞西、梁河、盈江、莲山、瑞丽、陇川六县及盏西区、畹町镇,自治区首府设在潞西县。会议选举刀京版(傣族)为自治区主席,衎景泰

(傣族)、多永安（傣族）、雷春国（景颇族）、排启仁（景颇族）、司拉山（景颇族）、龚绶（傣族）、段华民七人为副主席。7月23日，德宏傣族景颇族自治区正式成立。1956年4月，德宏自治区首届人民代表大会第五次会议通过决议，将德宏傣族景颇族自治区改为德宏傣族景颇族自治州。

二、景颇族地区的政治制度——山官制度

山官制度是在景颇族氏族家长制度瓦解的过程中逐渐演变而成的政治制度，是景颇族社会特定历史时期的产物，是在景颇族社会由原始社会向阶级社会过渡的过程中逐渐形成的。山官，景颇语称为"古姆萨"（又译"崩督"或"贡晶贡萨"），汉语称为山官。他们是景颇族人民的直接统治者，有一套统治景颇族人民的制度，习惯上称为山官制度。

（一）山官制度的起源

在景颇族的创世史诗《目瑙斋瓦》和发展史

第四章 景颇族社会经济发展概况

《根如根萨》中,记载着景颇族的发源地在"木转省腊崩"(Majoi Shingra Bum),传说那是一座终年积雪的神山,自然条件十分恶劣。景颇族的至尊宁贯娃为了人们有个自然条件较好的地方居住,率领族人不断向南方发展,从此景颇族就分布在"木转省腊崩"以南至高黎贡山一带的广大地区,以渔猎采集为生。传说宁贯娃的哥哥番瓦能桑遮瓦能章发明了弹弓、弩箭、标枪、铁刀、锄头、犁、矛、剑和其他工具;他的妻子穆遮木章受蜘蛛织网的启发,用羊毛织裙子;有个叫麻都的青年人发明了用竹片摩擦取火的技术。随着生产工具的增多,景颇族社会的生产方式也逐渐由渔猎采集向原始农耕转变,大量栽种谷物,饲养鸡猪和牛马。景颇族的先民们进入到没有压迫剥削,共同劳动、共同消费的"恩庞办"(Nhprang prat)社会。

到了文蚌部落联盟时代,生产力水平有了进一步的发展,父系家族逐渐分化出数十个家族,婚姻关系也由原来的交错表婚演变为单方从表的

"玛育""达玛"环形婚。

在沙蚌拥芒达（Shap pongyong mangdang）时代，景颇族的"恩庞办"社会最为强盛，剩余产品不断增多，部落酋长"目冈"和统领"能波"凭借手中的权力，不断侵吞集体财产，私有制产生了。同时，在对外战争中抓获的战俘也被作为奴隶留了下来，阶级也随之产生。

在此之前，部落酋长"目冈"（Magun）都是由民众推举有本事并愿意为集体办事的人来担任。沙蚌拥芒达是一位有胆识、有公心的人，所以当老酋长石丹崩赞去世后，人们一致推举沙蚌拥芒达为"目冈"。沙蚌拥芒达死后，其子新贡穆甘废除了民主选举"目冈"的制度，继承了他父亲"目冈"的职位，并自立为"督"，开始了"督"统治的时代。新贡穆甘当"督"后，迁居到叫"瓦乾"的地方，建城邑盖"督宫"，新贡穆冈也被称为"瓦乾娃"或"瓦乾督"。瓦乾娃是世袭贵族官种（督）的鼻祖。他有五个儿子：木日、勒佗、勒排、恩孔、木然，瓦乾督将他们分别派

第四章 景颇族社会经济发展概况

到各地当督官,实行家族统治。他们就是后来景颇族社会世袭督官的五大贵族官种。从此,整个景颇族社会便统一在"瓦乾"政权下,一切权力归瓦乾督。瓦乾督的五个儿子被分封到各地当官后,他们的名字便成了五大贵族的姓氏,因此,景颇族历史上的督官都是由这五大贵族姓氏担任,所以又称为五大官种。这种制度景颇语称为"贡晶贡萨"。在这种制度下,整个景颇族社会根据不同的出身和血统划分为"督阿缪"(贵族官种)、"达然达瑞"(百姓)、"木央"(奴隶)三个等级,三个等级之间有严格的界限。

官种,景颇语称为"督阿缪"(载瓦语称为"早户"),在三个等级中社会地位最高。官种等级有特殊的命名方式,男性在名字前加上"早",女性在名字前加上"南""扎"等,非官种等级不能使用这些特定冠词。一般不与百姓通婚而实行等级内婚。山官必须出身于官种等级,山官职位传袭实行幼子(景颇语称为"乌玛")承袭制,只有幼子夭折才由长子继承,其余依次为其他诸子。幼弟在世，其他兄长们如若想要当官，只有离开老家去开拓新的辖区，到新辖区当新山官。百姓，景颇语称为"达然达瑞"（载瓦语称为"勐比优"或"勒塔"），有人身自由，不依附于特定的地域或特定的山官，能够自由迁徙，在政治上处于从属于山官的地位，负有向山官交纳实物供赋和无偿劳役的义务，有占有、使用村社土地的权力。由于不是官种，因此再有本事的百姓也不能担任山官。景颇语称奴隶为"木央"，载瓦语称为"准"。"木央"是社会中地位最低的等级，无人身自由，贡萨督山官有权对他们任意处置，可以任意买卖、转让或处死。"木央"要为山官服劳役，从事家庭和田间的各种劳动，还要遭受主人的打骂、虐待和社会的歧视。

（二）山官制度的发展

随着"贡晶贡萨"制度的建立，奴隶制盛行开来，至公元8世纪，部分地区的家长奴隶制已发展为早期奴隶制，到公元12世纪，高黎贡山西南部地区发展成了奴隶占有制，所有的贡萨督都

第四章 景颇族社会经济发展概况

成了奴隶主山官。在有的地区，有的山官蓄奴人数多达上百人，奴隶已成为全部劳动的承担者。这些地区的奴隶可分为两种，一种是家内奴隶，景颇语称为"星南木央"，多为女奴，主要承担山官家里的一切家务劳动，常作为主人聘娶或陪嫁女儿的礼物，没有人身自由；一种是家外奴隶，景颇语称为"昂木央"，为主人耕种水田山地，放牧牛马；男女奴隶婚配成家后与主人分居，有自己的小房屋及附属财产，有的还组成一个村寨；主人分配给他们一定的耕食地，他们每年必须为主人服大量的劳役，有战争时还要跟随主人去征战。

奴隶在景颇族进入德宏之前在江心坡、胡康河谷地区就已经存在，源于山官和一些富裕家庭通过将战争中的俘虏、外族人和孤儿以收养的方式收容为养子女。他们名义上是主人家庭的一员，甚至和主人的子女以兄弟姐妹相称，实际上是主人的奴隶，负担着主人家内、家外的繁重劳动。但在衣食方面，奴隶与主人相差无几，在很大程度上他们仍然是家庭的成员，一些奴隶还有自己的个体经济。随着英国殖民主义者对上缅甸的吞并和因为军事行政的需要而实行的废奴政策，这种奴隶制没有得到进一步的发展便消亡了。景颇族进入德宏以后，少数地区和家庭还保留有这种"养子女"性质的奴隶，但作为一种制度，奴隶制在德宏景颇族中始终未能充分发展。因此，官种和百姓两个等级是中国景颇族山官制度存在的主要阶级基础。

（三）山官制度的变迁

公元前 14 世纪以后，居住在高黎贡山一带及江心坡地区的景颇族大量迁徙，来到德宏。当时德宏地区的居民主要是傣族和德昂族，傣族居住在坝区，德昂族不仅居住在坝区，还有一部分居住在山区。景颇族来到山区与德昂族为邻定居下来，因宗教信仰的不同和风俗习惯的差异，居住在山上的德昂族大多被迫迁走，景颇族占有了德宏大部分的山区，统治者仍然是"瓦乾督"的后代木日、勒佗、勒排、恩孔、木然等五姓贵族山

第四章 景颇族社会经济发展概况

官。在茶山支系中有左姓山官，在浪速支系中有石姓和农夺山官。在盈江铜壁关、普伦、曼缅等地主要由恩孔姓山官统治；盏西、邦瓦等地区是勒排姓山官统治；在陇川邦瓦主要由勒排姓山官统治；在吕良、邦东主要由勒佗姓山官统治；在王子树、邦角、罗朗及盈江那邦、椿头塘和梁河景颇族居住的山区主要由木然姓山官统治；曼面山由勒排姓山官统治；在瑞丽山区、芒市东山、五岔路、西山主要由勒排姓山官统治。各姓山官的辖区有大有小，互不统属，各自独立行使职权，每个山官辖区就是一个独立王国。傣族土司对各山官没有委任、调换、发布命令之权。

山官是景颇族在一定地区范围内的最高政治领袖。在景颇族社会内部，山官之上没有形成统一的、更高的政治组织，各山官之间也无直接的统辖关系，辖区是山官制度得以维系的基础和界限。每一个山官都有自己统治的辖区，每个山官辖区自成体系，独立行政，在辖区内山官各自为政，其特权的行使和义务的履行都以辖区为基础，超出辖区范围,其特权和义务均无效。各山官的辖区大小不一,势力范围大的山官可辖数个或数十个村寨,还有辖区外的"保头区";而势力范围小的山官,有的只辖一个村寨或几户居民。辖区间有以山岭、河流等自然物为标志界限的,对辖区的挑衅和侵犯就是对该山官的挑衅和侵犯。

景颇族迁到德宏以后,贡晶贡萨奴隶制遇到了来自民族内部和外部的阻力,逐渐失去了发展的基础。首先是因为德宏地区很早就处于中原封建王朝的统治之下,封建领主制在傣族地区发展较好,景颇族虽然居住在相对独立的山区,但一直受到汉族和傣族封建势力的影响和包围。不仅掳掠奴隶出现困难,而且原有的奴隶也不断逃亡,奴隶数量锐减,奴隶制再也无法维持下去。同时,由于先进生产技术的传入,德宏山区景颇族生产力水平迅速提高,民族内部的封建因素开始萌芽,奴隶社会的等级制度虽然存在,但社会成员的比重却发生了较大的变化,"达然达瑞"(百姓)等级占了总人口的90%,"木央"(奴隶)只占总人

第四章 景颇族社会经济发展概况

口的4%~5%，奴隶主贵族占总人口的5%左右。奴隶制已失去了它存在的阶级基础。

其次是因为贡萨督贵族内部的矛盾。贡萨德拉法规定，山官的官位只能由"乌玛"（幼子）继承，其兄长要想当官必须离开本地另辟新寨，自招属民。如果不离开本地，只保留贵族名号，自食其力，平时只有不出官工不交官谷"拾瓦满"的优待，实际上与百姓无异。一般情况下，山官们多妻多儿，未当权的贵族对"乌玛"的特权是不满的，希望能够改变贡晶贡萨奴隶制。

再次是一些平民等级的大姓和一些南征建寨的功臣，他们占有的土地较多，经济上变成了富有者，在村寨中有较大势力，但社会地位较低，他们也希望改变这一现状。如，陇川王子树盆都寨的韦家因经商致富，其富有程度超过所有山官，可其社会地位依然是"达然达瑞"，所以，韦家对统治他们的木然山官也十分不满。

由于上述原因，德宏地区的景颇族社会便在奴隶制未充分发展的情况下逐渐向封建领主制阶段过渡了。德宏景颇族的封建领主制是在外民族的影响下逐渐演变形成的,也就没有从根本上触动贡晶贡萨山官制度。就其统治者来说,没有本质的变化,依然是"瓦乾"贵族的五大官种当官,他们由原来的奴隶主变为封建领主,依然承袭原来的贡萨德拉法。对山官来说,改变的只是剥削方式,把奴隶劳动改变成百姓的"督嘎"(官工)。山官不仅拥有辖区内所有山林、土地的所有权,而且对百姓还要收取劳役地租"官工""官谷""官礼",另外还有吃"宁贯"的特权。对百姓来说,这时有了较多的自由,可以有自己的经济,在山官的辖区内有迁徙的自由,可以在荒山上号地耕种。但他们每年要为山官出4~6天的"官工";秋收时,献完谷魂要献给山官一箩谷子请"尝新";山官家有红白喜事要送鸡、猪、牛、酒、米等"礼物"。这时的百姓实际上是封建领主统治下的农奴,所以这种制度仍然被称为"贡晶贡萨制"。

在德宏,封建领主制发展最典型的是陇川县

第四章 景颇族社会经济发展概况

的王子树和邦角地区。在邦角地区,不仅经济发展快,封建领主制发展也比较完整。邦角地区的最早居民是德昂族,景颇族迁入后与其发生矛盾,德昂族后来全部迁走,随后,内地汉族又不断迁入,促进了景颇族地区社会经济的发展。

邦角地区的统治者为"木然"氏山官。"木然"是"瓦乾督"的第五个儿子,其后代发展为"能尚然""能梅然""哇约然""贡折然""勒纳然""星坡然""普关然"等分支。邦角山官属于"能尚然",亦称"木然能尚"。由于明代朱元璋强令改少数民族的复姓为单姓,所以"木然能尚"就改成了汉语的"尚"姓,但在景颇语中仍然称为"木然"或"能尚然"及"木然能尚"。

邦角"木然"氏山官政权经历了尚早乱、尚早选、布当督、尚自贵等数代人的经营,不仅建立了完整的统治机构,还修建了督官衙门、组建了军事武装,配备了亲兵卫队,设置了监狱牢房。尚自贵还世袭了石婆坡隘副抚夷、抚夷、乡长的官职,使其成为统治陇川、梁河、盈江、潞西四县接合部48寨的大山官。从其政治、经济、军事势力看，德宏境内没有哪一个山官能够与他相比，他对辖区内所有的山官、头人都有行政领导权和管理权。

邦角地区的徭役贡赋主要有：官工（每年派300多个）、官谷（包括官租田、地租田、水口租，各项租谷每年收3000多箩）、保头（每年收到1000多箩）、官烟（每年收款4000多两），还有名目繁多的杂派。邦角山官辖区内贫富分化明显。内地汉族不断迁入邦角地区，不仅带来了先进的生产技术，而且带来了新的生产关系，土地可以自由买卖、转让、抵押、典当、出租等，其经济形态已在向地主经济转化了。

从整个德宏的情况看，德宏景颇族的山官制已开始向封建领主制转化，但是各山官辖区发展极不平衡，有的山官辖区达几十寨，成为势力强大的封建领主，有的小山官只辖一寨几户人家，势力弱小，还处在封建领主制的初始阶段。19世纪50年代起，山官对百姓的剥削加重，阶级矛盾

第四章 景颇族社会经济发展概况

激化,群众性的反"贡晶贡萨"山官制度的斗争此起彼伏。盈江支丹山地区的百姓经过20多年的武装斗争,终于战胜勒排氏山官集团,整个支丹山18寨有14个寨子推翻了山官统治;铜壁关地区先后发生了14次起义,大部分村寨的起义都获得了胜利;陇川的弄贤、葵当两寨民众也推翻了山官制度。在起义取得胜利的村寨,建立了新的政治制度,景颇语称为"贡荣贡咱"(也称"古姆朗"),意为"自由、民主"制度,简称"贡荣"制度。在"贡荣"制度下,山官的一切特权都被取消,原有的山官辖区已不复存在,山官成为村寨中的普通成员。各村寨选举头人为领导,这些头人没有任何特权。这时,村寨土地为各户私有,可以自由买卖、租佃和转让,其经济形态已逐渐过渡到封建地主经济了。

但是,从德宏的整个情况看,建立"贡荣"制度的村寨毕竟是少数,绝大多数村寨仍然由山官统治,山官势力依然强大,两种制度并存,直至新中国成立。

三、景颇族的习惯法与督德拉法

（一）景颇族的习惯法

历史上景颇族没有形成成文的法律，也没有一定的诉讼程序和司法组织，山官主要依靠传统的习惯法来维护其政治权力。习惯法景颇语称为"通德拉"（意为"景颇人的道理"），它是景颇族在长期的生产生活中形成的，往往与原始宗教迷信相结合，对全体人民都有很强的约束力。传统的习惯法，没有死刑和徒刑，最严重的就是逐出寨子，处罚的方式主要是赔偿实物或钱物，对杀人、偷盗的处罚，一般都是通过讲事、神判等方式解决，主要有闷水、捞开水、煮米、斗田螺、鸡蛋卦、诅咒等。习惯法约束的范围，主要有凶杀、偷盗、奸淫、诬陷、拉事、触犯禁忌、违反公共利益以及婚姻和债务纠纷等。针对不同的罪名，有不同的处罚方式。

（二）景颇族的督德拉法

"督"指官，"德拉"指法，"督德拉"意为

第四章 景颇族社会经济发展概况

"官法"。为维护山官的权力,"督德拉法"也伴随着山官制度的形成而产生,据说此法是景颇族山官的始祖瓦乾哇创立的,所以又称"瓦乾德拉"。德宏景颇族山官都以"督德拉法"作为法律准绳,主要内容有:

山官只能由瓦乾哇的后代木日、勒佗、勒排、恩孔、木然等五大官种担任;山官官位由"乌玛"幼子继承,非幼子要当山官需另建新寨;只有贵族官种的男女才有权取名"早""扎""南";只有山官才能建盖"厅努"(高楼)瓦房,百姓等级无论多富有都只能建"恩达"草屋,奴隶等级只能住茅棚;只有山官才能骑马,百姓等级的村寨头人要骑马,必须先送一匹马给山官;百姓和未当权的贵族要服从山官、敬畏山官,不服从者赶出寨子;百姓每年必须出4~6天官工,不出官工者罚谷2箩;山官有权杀死违反督德拉法的人;山官家里有红白喜事,辖区村寨要贡献牛、猪,百姓每户要贡献鸡、蛋、酒、米等;百姓杀牛祭神、猎获野物,要向山官交"宁贯",即一条牛腿或兽腿;百姓要建房、开荒、娶妻,要呈报山官批准;同姓男女禁止通婚,违者烧其房屋,没收其土地并赶出寨子;贵族只能与贵族通婚;丈夫有权杀死与妻子通奸的奸夫;凡偷盗者要重罚;只有山官才有权立"龙尚"神庙;只有山官家才有权祭天神木代及跳"目脑"。

据20世纪50年代初期的调查,当时德宏地区的景颇族山官有440多个,其中木然、勒排、恩孔三姓山官居多。中华人民共和国成立后,山官制度被彻底废除,但景颇族长期以来形成的一些习惯性规矩一直被保留下来。

四、近代以前景颇族人民的反帝斗争

(一)帝国主义对云南西部的侵略活动

云南西部与缅甸相邻。19世纪50年代初,英国占领了下缅甸后,便千方百计寻找从缅甸直接侵入中国西南地区的通道,从60年代起,不断派人偷越云南边境,窥探滇缅交通线。

首先,刺探军情,收集情报。19世纪70年

第四章 景颇族社会经济发展概况

代以前,英国不断派遣披着"学术考察""游历""探险""传教"等外衣的特务、间谍,潜入德宏等地景颇族聚居地区,刺探军情、收集情报;通过文化和宗教活动,进行奴化教育。其中最为有名的间谍就是枯泊(Coobess)和华金栋(Kingdon wund)。

枯泊是英国间谍,1869年接受旅沪英人商会开通四川商路的任务,来云南考察。他认为开通西康川商路极为重要,此路一面可连通八莫、大理等铁路以控制云南,一面又可打通四川与扬子江上游,同时又可垄断西藏的政治、经济。在其日记中,建议修筑由印度至西藏及由缅甸经大理直达重庆的铁路。枯泊的日记受到印度政府的重视,于是印度外交部将其日记出版,名为《由中国到印度之游记》。

华金栋也是英国间谍,1911年以"采集生物标本"为名,开始在澜沧江流域探查,1914年又到恩梅开江探查,1921年发表了《在印度极边》一书,为英帝国主义侵占片马等地提供了情报。

1922年，他又窜到丽江去探听中国边防的虚实，著有《由中国到坎底》一书。1926年至1928年间又在迈立开江与恩梅开江之间两次"探险"，1931年探查伊洛瓦底江上游，次年出版《东方之织机》一书。他深入我国边境20多年，成为侵略者的最大帮凶。

其次，通过文化和宗教等宣传活动，灌输殖民主义奴化教育。英国传教士以莲山、陇川一带为中心，建立教堂，开办小学校，编制景颇语拼音文字，印刷大量《圣经》及各种宣传品，利用办学校、医院拉拢景颇族人民，同时拉拢景颇族山官头人，诱骗他们派人去充当修路、运货、开矿等苦力或充当警察、士兵，为帝国主义卖命。另外，英国为探测江心坡地区的情况，最初以物资引诱、拉拢，携带大量日用品分给山官和百姓，待探测完后立即派军队进攻，占领了江心坡地区，并挨家挨户征收"门户捐"。与此同时，他们又在密支那、八莫等地设置移民局，百般挑拨景颇族与祖国的关系，通过教会诱骗景颇族人民移往缅甸。据不完全统计，仅莲山一县，自1940年至1950年，被诱出的景颇族达800户；昔马一地就达200户，占总住户的三分之一。

（二）马嘉理事件

1874年，英国组织了一支由陆军上校柏郎率领，共193人组成的武装"探路队"，从缅甸曼德勒出发，探测经缅甸八莫至云南的陆路交通。英国驻华使馆谎称是三四名官员来华"游历"，又特派驻上海领事馆翻译马嘉理由上海前往云南入缅接应。1875年2月，马嘉理带领这支武装"探路队"，以"游历"为幌子，闯到云南腾越芒允附近，非法越过中国边境。2月21日，马嘉理和几名中国随员被当地人盘问，狂妄的马嘉理竟开枪行凶，当地人民激于义愤，打死马嘉理，并阻拦围攻柏郎的武装队伍，柏郎受阻退回缅甸。这就是所谓的"马嘉理事件"。马嘉理事件完全是由英国侵犯中国边疆引发的。

"马嘉理事件"发生后，英国以此为借口蓄意扩大事态，迫使清政府杀害了参与这一事件的

23位景颇族爱国志士;1876年9月13日,又强迫清政府签订《烟台条约》,打开了进入中国西南的门户。

(三)近代景颇族等各族人民反对帝国主义侵略的斗争

1885年,英国吞并了缅甸之后,企图通过侵略我国西南边疆,把势力扩展到长江上游,以达到控制整个长江流域的目的。从19世纪90年代起,英帝国主义不断侵扰我西南边境,遭到景颇族等各族人民的强烈抵抗。

(1)反对英帝国主义侵略盈江地区的斗争。1891年,英国侵略军进犯干崖所辖铁壁关地区,干崖宣抚使刀安仁召集景颇族及傣族、汉族等各族勇士400多人,开赴铁壁关迎击英军,坚持抗英斗争8年之久,始终没有让英国侵略军前进半步。

(2)反对英帝国主义侵略陇川地区的斗争。1890年,英国特务依利亚特未经中国政府允许,擅自由伊洛瓦底江右岸北上至迈立开江、恩梅开

第四章　景颇族社会经济发展概况

江合流处探测。1893年,英国侵略我陇川边境,在景颇族、汉族、傣族等各族人民的互相配合下,一举歼灭了侵略军千余人,给侵略者以严厉打击。据《永昌府文征》记载:光绪十九年(1893年)虎踞关盆干寨(今陇川边境)景颇族人民曾有一段悲壮的抗英历史。自英灭缅甸后,英人对该寨景颇族人民百般利诱,但景颇族人民"屡招不从,继以兵威,犹力拒不屈,英兵死者千余,该寨丁亦死亡大半"。

(3)反对英国侵略岔角、小江地区的斗争。为了扩大对中国的侵略,1894年英国胁迫清政府订立界务条约。该条约把"北纬二十五度三十分(即尖高山)以北一段边界"划为待定区。1895年,英印度总督立顿等人到达片马附近探查,戴维斯则率领探测队深入云南境内,进行大规模勘探,绘制了云南全境详图和缅甸详图,写了《云南——印度与扬子江的锁链》一书,为英国提供了大量情报。

1897年,英国公然违背界务条约,擅自派上尉保廷格率军沿恩梅开江侵入岔角、小江一带，后被景颇族（浪速支）赶走。1898年，英国又向清政府发出照会，"请转饬地方官于恩梅开江与萨尔温江（怒江）中间之分水岭西境，不得干预地方官治理之事"，公然要侵占恩梅开江与怒江分水岭以西地区。

（4）反对英国入侵我陇川地区的斗争。1898年，中英两国再次在陇川勘界，英国企图进一步侵占我国领土，胁迫清政府再次把国界划入内地六七十里，并竟然把殖民旗帜插到景坎土地上，引起了景颇族等各族人民的强烈反抗。陇川县王子树乡的景颇族山官早乐东在各族人民的支持下，当场向英国侵略者提出严正抗议，并展示了虎踞关、铁壁关两关碑文拓本，证明了景坎百里以外的土地历代均属中国领土。侵略者在理屈词穷的情况下，竟派兵向我陇川县章风街一带攻击，早乐东等带领各族群众把侵略者赶出了边境，我景颇族等各族人民有五十多人为保卫祖国献出了宝贵的生命。

第四章 景颇族社会经济发展概况

(5) 反对日本帝国主义侵略德宏地区的斗争。1942年,日寇侵占我德宏地区,对各族人民实行法西斯统治,时间达两年半之久。日军所到之处,烧杀抢掠,无恶不作,执行"三光"政策,许多景颇村寨的猪、牛被杀光,房屋被烧毁,弄得家破人亡。景颇族人民没有向侵略者屈服,他们纷纷拿起长刀、斧头、火药枪等武器在丛林中伏击日寇。瑞丽户瓦村的景颇族群众自动组织卫寨队,以村为战,在保卫村寨之战中击毙日寇中队长等侵略者,迫使日寇退出户瓦景颇山寨。

盈江、陇川、梁河等地景颇族人民自动组织起抗日游击队,多次参加打击日寇的战斗。如陇川爱国山官尚自贵率领的景颇族抗日大队,在梁河县囊宋河三角地带与日军激战三天三夜,打退了敌军;陇川县的巴丕脱寨抗日游击队队员大部分是景颇族群众;盈江曼面大队因抗击日寇,被日本人用飞机投放毒药和鼠疫菌进行报复;盈江盏西地区的景颇族群众配合盏西各族人民在槟榔江边抗击日寇,队伍曾经发展到200多人,被国民党游击司令部委任为"抗日自卫游击中队",在艰苦环境下坚持斗争达两年之久,活动范围北抵古浪、岗房,南及大盈江,东达怒江。上述队伍在极其艰苦的条件下坚持战斗,直到把侵略者全部赶出了边境。

五、近代以前景颇族人民反山官、反封建、反军阀统治的斗争

(一)反对山官统治的斗争

19世纪50年代起,山官对百姓的剥削加重,阶级矛盾激化,群众性的反"贡晶贡萨"山官制度的斗争此起彼伏。如盈江支丹山地区经过20多年的武装斗争,终于战胜勒排氏山官集团,整个支丹山18寨有14个寨子推翻了山官统治;铜壁关地区先后进行了14次农民起义,大部分村寨的起义都获得了胜利。陇川的弄贤、葵当两寨民众也推翻了山官制度。在起义取得胜利的村寨,起义者在废除山官制度的同时,建立了新的被称为"贡荣贡咱"的制度。

第四章　景颇族社会经济发展概况

(二) 反对土司统治的斗争

景颇族人民对历代的封建统治者都坚持进行反抗斗争。19世纪末，陇川县的景颇族人民为反抗土司任意屠杀景颇族人民的暴行，曾爆发了大规模的武装斗争，帮瓦寨的景颇族联合真通、曼冒、撒定、瓦幕、背熊、孟标等寨景颇族，与土司进行了四年之久的战斗，迫使土司不得不承认失败，赔偿损失。同一时期，潞西遮放西山的景颇族人民对土司的统治压迫也进行了反抗，把土司军队逐出西山。

(三) 反对国民党反动统治的斗争

民国时期，云南军阀和国民党在部分景颇族山区推行保甲制度，摊派苛捐杂税，敲诈勒索，激起景颇族人民的强烈反抗。1916年云南军阀派兵在陇川县的王子树、岗巴、瓦幕、邦瓦一带烧杀，景颇族、汉族、傣族等各族群众聚众一万多人奋起抵抗，反对云南军阀的反动统治。1946年，瑞丽勐秀、户育等地区的景颇族人民武装反抗国民党政府统治压迫，烧毁乡保安所及设治局，给国民党统治者以沉重打击。

景颇族经济发展概况

一、社会生产关系的变革

景颇族社会经历了漫长的氏族公社阶段,在公元前2000年左右逐步向阶级社会过渡。至1949年新中国成立前,其经济发展有以下基本特点。

私有制已经产生。表现为土地以外的生产资料均已私有,所有牲畜、生产工具、武器、房屋、家庭日用器具和钱财等,由所有者自由支配并世代继承,但绝大部分地区的土地仍属村社公有。在世袭山官的统治下,村社内部已划分为官种、百姓和奴隶三个等级。有些地区奴隶制没能充分发展就夭折了,有些地区(主要是茶山、浪速、载瓦地区)奴隶制尚未产生。

部分地区封建因素活跃。南迁德宏后,由于受汉族和傣族先进文化的影响,生产力水平迅速提高,部分景颇族山寨内部产生了封建因素,水

第四章　景颇族社会经济发展概况

田、园地均为个体家庭私有，可以出租、典当、买卖、赠送或陪嫁，山官失去了对土地的支配权。这些地区的土地所有制已向个体所有制过渡，有的地区具有了向封建领主制发展的倾向，有的地区则具有向封建地主制发展的倾向。

二、社会经济的发展

（一）解放前德宏景颇族聚居区社会生产发展概况

农业是景颇族的主要物质生产部门。景颇族迁入德宏初期，建立起了以山官为首的地域性农村公社，村寨由不同姓氏的父系家庭组成。百姓主要耕种旱地，生产工具大多是简单的竹器、木器、石器和简陋的铁质小农具。旱地农业的经营十分粗放，主要采取"刀耕火种"的生产方式，种植旱谷、小米、玉米等杂粮。在烧光后的土地上，用木棒和小锄挖穴点种，不翻土，不施肥，不灌溉，也很少除草。一般耕种一两年后就丢荒。土地实行农村公社所有，各家各户可以自由"号地",开荒耕种。这种"砍倒烧光""轮歇丢荒"的生产技术,决定了景颇族地区的土地不可能由私人长期占有,更没有私人占有的必要。生产过程中,人们常采用"吾戈龙"的方式协作劳动,不计劳力强弱,具有比较原始的互助性质。

随着景颇族与汉族、傣族、德昂族交往的进一步加深,景颇族社会发生了较大变化,在生产方式上,引进了水稻种植和水田开垦技术,引进了先进的生产工具,生产上已经有了犁耕的水田农业,普遍使用铁制农具。这就使单个家庭的劳动范围扩大了,从原来的以集体劳动为主转变为以个体劳动为主。由于劳动方式的变化,人们逐渐产生了劳动报酬和劳动价值的观念,原始的"吾戈龙"渗入了私有色彩,个体家庭已成为独立的生产单位。

铁质农具的大量使用,使旱地农业的耕作技术也得到改进,适合犁耕的缓坡地,逐步改造成犁耕地。有的在旱地上采用轮作制,至中华人民共和国成立前,犁耕旱地在旱地农业中已占优势。

第四章 景颇族社会经济发展概况

手工业方面,德宏景颇族聚居区的手工业欠发达,主要有竹木器编制和纺织,属自给性的家庭副业。中华人民共和国成立前,景颇族几乎没有独立的手工业者,部分地区的景颇族向汉族学习了简单的打铁和制造银器技术。

饲养业方面,当时饲养的家畜主要有水牛、黄牛和猪,之外还有少量的骡马;家禽主要有鸡,每家都饲养。

采集和渔猎经济方面,采集在景颇族生活中仍占有重要地位。采集的野生植物主要是自食,少量出售。渔猎经济在景颇族生活中已不占重要地位,多在农闲时进行,主要有捕鱼和狩猎。

(二) 解放后德宏景颇族聚居区社会经济的发展

德宏解放后,为进一步落实党的民族区域自治政策,根据 1954 年 12 月中共云南省委批准德宏州工委关于建立生产文化站和站党委的决定,在全区(州)70 个乡 12 万人(其中景颇族 8 万人,傈僳族、德昂族、汉族等民族 4 万人)的地区建立了17个生产文化站（其中，潞西县4个、瑞丽县2个、陇川县4个、盈江连山县6个、梁河县1个）。生产文化站开办了供销合作社，建立了商业网点，开展了收购农副产品业务，选派技术人员传授生产耕作技术，组织了互助组，开办了合作社、信用社，政府还通过拨发低息贷款和补助款的方式促进了景颇族地区经济事业的发展。1954年6月，中共云南省委报经中央批准，在云南景颇族等8个民族地区按照"团结、生产、进步"的方针逐步完成某些环节的民主革命任务，直接过渡到社会主义。之后"直接过渡"政策正式在德宏景颇族地区实施。在"直接过渡"政策实施期间，德宏地委先后制定出台了《关于景颇族等直接向社会主义过渡问题》《德宏直接过渡地区试办农业生产合作社的初步总结》《关于做好直接过渡地区农业生产合作社经营管理的指示》等指导性文件，提出了根据景颇族等民族地区的社会现状、阶级分化状况和社会主义革命的目的，"直接过渡"中的阶级路线是：在共产党的领导下，依靠贫苦的劳动人民和比较富裕的劳动人民，结成巩固的联盟，坚决团结和本民族广大群众有联系的一切上层领袖人物，采取说服教育的方式，团结改造一切剥削分子，引导他们走互助合作道路，发展生产，逐步地由限制剥削到消灭一切剥削制度，达到共同富裕、人人幸福的社会主义。同时，提出在"直过区"采取以下政策：（1）为稳定群众，争取外出边民回归，在1956年秋前，暂停办新的合作社，集中力量办好现有的社，以充分体现"直接过渡"的优越性。（2）分别安置大小山官、头人，对已入社中小山官、头人（包括寨头和董萨），主要是加强教育；还应吸收一些积极劳动的山官、头人为社干部，以树立旗帜；对未入社或暂时不愿入社的，可以按照其原来地位的大小及代表性，分别在州、县和生产文化站进行安置，按级别给予薪金待遇。（3）在试办合作社地区，团结民族上层和群众工作基础较差的，应暂时说服少数进步群众给山官、头人交些官谷和官租。（4）加强对董萨的团结教育，根本办法是吸收他们参加合作社，把他们培养成初级卫生人员，使他们以合作社的劳动和医疗收入来代替打卦迷信活动的收入。（5）对基督教徒和天主教徒，不应歧视和排斥，应一视同仁，尊重宗教信仰，有困难时要帮助，并照顾他们参加宗教活动的时间。（6）关于禁种戒吸大烟问题，目前条件尚未成熟，不宜解决，但已经主动戒吸和改种其他作物者，应积极支持和帮助。同时，要求各级党委认真抓好"直过区"合作社经营管理的6项工作：（1）制定生产计划，积极开垦水田，固定旱地，提倡施肥，改良技术，把生产搞上去。（2）坚持按劳分配原则，搞好评工计分，实验推行按件包工。（3）建立健全财务会计制度，配齐会计、保管、记分员，加强培训，制定各种管理制度，按时公布财务和工分。（4）坚持兑现按劳分配，实行按劳预分。（5）正确使用国家给的经济扶持。（6）做好政治思想和培养干部工作。中共八大召开以后，中共德宏地委结合德宏实际，决定按照"顾全大局，服从稳定"和"慎重稳

第四章 景颇族社会经济发展概况

进"的方针,积极稳妥地开展互助合作运动。到1957年底,全州互助组发展到1800个,初级农业生产合作社发展到920个,参加互助合作的农户占总农户的37.5%。1957年,全州粮食产量比1952年增长32.3%,人均达到400多公斤。瑞丽"直过区"1956年的粮食总产量比1957年增长10%;盈江县铜壁关景颇族和平乡,1957年稻谷产量比1952年增长1倍。全州农业生产喜获丰收。

1957年开始的"反右"运动、"反地方民族主义运动"和1958年开始的"大跃进"运动、人民公社化运动给德宏社会经济的发展带来严重影响。高指标、瞎指挥、浮夸风、放卫星、大炼钢铁使民族地区的生产严重倒退。据1959年统计,全州总人口由1957年的42.29万人下降为36.63万人,耕地由122.57万亩下降为116.63万亩,粮食总产量由16040万公斤下降为15873万公斤。

但不可否认的是,在"大跃进"中,德宏全

州新修了上千个大大小小的水利工程,如:芒究水库、芒市东西大沟、梁河油竹坝水库、盈江东大沟、陇川麻栗坝水库、瑞丽姐勒和芒令水库等,对以后农业的发展起到了巨大的推动作用。"大跃进"期间还初步修通了从腾冲经梁河至盈江,从畹町经瑞丽、陇川至盈江的公路及部分乡村简易公路,促进了德宏交通运输事业的发展。

"大跃进"和人民公社化运动中出现的"左倾"错误,引起了中央的高度重视,为此,制定了"调整、巩固、充实、提高"的方针和一系列适合边疆民族地区的政策措施,中共德宏地委按照中央和省委的指示,采取了一系列措施:"紧急刹车",停办人民公社;坚决纠正"五风",稳定生产关系;维护农民利益,进行经济退赔;深入调查研究,调整社队规模。这些措施改善了党群关系,调动了"直过区"各族群众的积极性,到1965年,全州粮食总产量达到23.3万多吨,农民人均产粮502公斤;通过新修水利,开垦水田,发展多种经营,社员的人均收入达到100.50元,

第四章 景颇族社会经济发展概况

增长66%,人民生活得到明显改善。

1966年6月,德宏州工委召开党员干部会议,传达贯彻《中国共产党中央委员会关于开展文化大革命运动的通知》(即"五一六"通知),"文化大革命"在全州展开。运动期间,景颇族山官衙门被砸毁,家产被抄,斋瓦、董萨被批斗,许多景颇族干部遭受迫害。受"十年文革"的影响,到1978年,德宏粮食产量只达到1965年的水平,粮食供应严重短缺。

1978年12月党的十一届三中全会召开以后,中共德宏州委认真落实《关于加快农业发展若干问题的决定》,在景颇族地区开展农村经济体制改革,抓好粮食生产,打造蔗糖产业,推行家庭联产承包责任制,到1981年底,德宏景颇族聚居区已有99%的生产队推行了各种形式的联产承包责任制。1982年,全州广大农村普遍实行了家庭联产承包责任制,全州工农业总产值达到28425万元,比1981年增加3235万元。其中,农业总产值达到18624万元,比1981年增加1216万元,基本解决全州农民的温饱问题。

1981年,德宏州根据中共中央、国务院《关于积极发展农村多种经营的通知》精神,积极发展多种经营,合理调整产业结构,大力发展乡镇企业,鼓励个体私营经济发展。到1985年,全州工农业总产值完成3.63亿元,粮食总产量达到6.62亿斤,甘蔗总产量达到98.16万吨。到1990年,景颇族地区农民人均纯收入568元;到2000年,全州农村人口人均纯收入达到1142元,人民生活水平得到明显提高。

党的十六大以后,为实现全面建成小康社会的目标,中共德宏州委于2003年4月召开四届四次全会,确定了云南景颇族地区与全国同步实现全面建成小康社会的目标构想。但景颇族地区要与全国同步实现全面建成小康社会的目标困难重重:一是经济发展总体水平不高,发展滞后。潞西县西山乡,2003年全乡农民人均纯收入803元,人均工业产值89元,人均财政收入15元。抽查的54户社员中,34户有借款,没有一户有存款。

第四章　景颇族社会经济发展概况

陇川县46个"直过区"行政村,24个不通路,8个不通电。二是落后的传统观念和行为方式影响了民族的发展进步。受落后习俗的影响,拉事、械斗、祭鬼长期存在,平均主义思想、安于现状心理较为突出。三是民族教育滞后和人才缺乏。基层教育薄弱,潞西县西山乡有中学1所,在校学生372人,景颇族学生占81.2%,2003年没有一名景颇族学生考上高中,29名专任教师中师范专科毕业生仅有11人,学校设施简陋,危房多,安全隐患严重;农村实用人才稀缺,"两基"水平低,潞西县西山乡54户景颇族254人中,文盲24人,高中6人,专科1人。四是毒品和艾滋病严重威胁民族的存亡。德宏地处中缅边境,紧靠毒品集散地,2003年统计,全州吸毒人员中,少数民族占74.2%,景颇族占34.21%。陇川县勐约乡一个景颇族村,吸毒人员占全村人员的30%。潞西市西山乡2003年有吸毒在册人数688人,占总人口的6%。2003年,陇川县"直过区"共有吸毒人员2534人,占"直过区"总人口的6%。

2004年,全国有吸毒人员79.1万人,德宏州占3.2%。1989年至2003年,全州累计发现艾滋病等携带者2761人。五是发展经济与保护环境资源的矛盾日益突出,扶贫攻坚任务艰巨。景颇族聚居区自然条件恶劣,发展环境差,刀耕火种的原始耕作方法对自然资源破坏严重,农民收入又主要依靠自然资源,发展经济与保护环境资源的矛盾较为突出。

景颇族地区发展过程中遇到的问题引起中央、省、州各级党委和政府的高度重视,2006年3月,国家民委、国家发改委组成联合调查组到德宏进行少数民族发展和"兴滇富民工程"建设情况调研。4月25日,国务院扶贫办、国家民委、农业部、中国扶贫发展中心、中国农科院组成联合调查组到德宏进行边疆民族经济发展专题调研。为进一步贯彻党中央、国务院《关于进一步加强民族工作加快少数民族和民族地区经济社会发展的决定》,根据中央民族工作会议精神及省委、省政府有关文件精神,中共德宏州委、州政府于

第四章 景颇族社会经济发展概况

2006年出台了《关于进一步加强新时期民族工作的决定》,2007年又出台了《中共德宏州委、州政府关于推进社会主义新农村试点村建设的实施意见》。全面开展"兴滇富民"工程建设。州民宗局结合景颇族聚居区的实际情况,制定了《德宏州景颇族聚居区新农村试点建设规划》,对扶持帮助景颇族群众脱贫致富奔小康起了积极作用。

第一,德宏景颇族地区完成了税费改革,取消了农业税,对产业结构进行了调整,大力发展林业经济,初步形成了以甘蔗、茶叶、水果等经济作物及经济林木种植为特色的农业经济。2008年,全州甘蔗种植面积95万亩,产量达到470万吨,种植面积及产量稳居全省第一;茶叶种植27.2万亩,产量达到1.188万吨,全州农村经济总收入达到31.58亿元,农民人均纯收入达到2043元。

第二,大力发展民族工业,初步形成了以制糖、电力、橡胶、建材、煤炭、医药、木材加工、造纸、茶叶、食品加工及生物创新开发为龙头的工业体系。到2006年,全州建立起12座制糖厂,共14条生产线;到2008年,建成各类水电站84座,装机容量达到95.8万千瓦。2008年,全州完成工业总产值16.8亿元。

第三,加快发展乡镇企业,初步形成了一批以建材、矿业采选、食品加工、大米、咖啡、澳洲坚果、柠檬、茶叶、皂角生产为主的优势企业,2008年总产值达到149980万元。

第四,实施"兴滇富民"工程,推进民族地区基础设施建设。2006年,云南省委、省政府把潞西市确定为全国"兴滇富民"行动的6个重点县市之一。从2005年至2007年,德宏全州共完成"兴滇富民"工程332个,完成投资66701万元,项目覆盖全州农村基础设施、农业生产、生态建设、文化教育、人畜饮水安全、安居工程、治水改土、改厕改厩、通电通路、沼气建设、农村卫生室和文化室建设、科技培训及禁毒防艾等方面,大大改善了少数民族聚居区的生产生活条件。

(三) 中华人民共和国成立前夕德宏景颇族社会经济形态发展探析

中华人民共和国成立前夕,景颇族社会已发展到农村公社趋于解体和向阶级社会过渡的阶段。在保留了较多原始公社制残余的同时,出现了阶级分化。20世纪50年代以前,景颇族社会已经分化出约占总户数1%的地主和2%的富农,他们占有全部水田的20%~30%以及20%的耕牛。农民中除占总户数15%左右的农户占有部分水田、耕牛外,80%以上的农户都是无田少地、缺乏耕牛和农具的贫苦农民。

对于中华人民共和国成立前景颇族历史发展的定位,史学界有不同的看法。1958年全国人大民委办公室编印的《景颇族调查材料之三》——《景颇族五个点(寨)分点调查综合报告》认为:"景颇族社会在社会主义因素进入前发展的总趋势,是从原始农村公社向封建社会过渡,期间还带有一些蓄奴的痕迹。由于内外条件的限制,奴隶制度没有能发展起来,早被排除于发展的主流之外。在向封建社会过渡时,由于内外条件的限制,封建领主经济没有发展起来,又转向地主经济过渡,形成多种经济成分同时存在。这就造成景颇族社会发展上的特点,不是循序渐进,而是具有跳跃的性质。"

1992年桑耀华在《云南社会科学》第三期《论近代景颇族社会的半部落半封建性质》一文中指出:"景颇族是从原始部落社会向封建社会过渡的,在其社会经济基础中旱地公有,水田私有,水田面积虽少于旱地,但水稻产量已超过旱地产量,相对说来各占一半;而在原始宗教、社会习尚、道德观念中,原始因素有浓厚表现。景颇族从酋长到百姓对于土地的经营、劳动的组合方式,都是部落的和封建的并用。酋长的统治方式中也渗入了许多封建因素。……这些都说明中华人民共和国建立前的景颇族社会,一方面保留着原始部落社会的许多痕迹,另一方面也存在着封建领主、地主制的不少特征;……我们认为用'半部落半封建'去反映近代景颇族的社会性质似乎更

第四章 景颇族社会经济发展概况

恰当些。"

马曜先生通过参加云南省委调查队,对德宏景颇族聚居区进行系统调查后,于1956年4月由中共保山地委向省委递交了《关于景颇族、傈僳族等直接向社会主义过渡的合作社及生产情况向省委的报告》,提出:"我区边疆六县的山区,有景颇、傈僳、崩龙(德昂)等民族……虽已进入私有社会,开始有阶级分化,受周围比较先进民族的影响,超越了奴隶社会,开始有了封建萌芽。但其政治、经济、文化比汉族、傣族都大为落后。生产力极低,阻碍生产力发展的主要是过去的外族压迫和本民族原始落后的生产关系和习俗残余。"

李向前、张方元在《当代云南景颇族简史》中提出:中华人民共和国成立前的云南景颇族地区,已经进入"以景颇族封建世袭贵族统治为特征的封建社会,部分地区已进入地主经济社会,属于低生产力发展水平的封建社会"。主要观点有:(1)原来对于云南景颇族在中华人民共和国成立前所处社会形态定位为"由原始公社向封建社会的过渡形态"的结论,由于当时调查面不够广泛,对影响景颇族历史进程的各方面因素研究不够,特别是对于不断迁徙对景颇族社会发展进步的制约因素未全面深入研究,因而影响了对云南景颇族在中华人民共和国成立时的社会形态所做出的判断结论,显得不够准确。(2)经过中华人民共和国成立前云南景颇族地区土地占有形式的深入调查和研究,可以肯定,当时德宏景颇族聚居地,不仅水田已经完全私有化,就连各地"山官"管辖范围内景颇族群众所"号"的旱地也私有化了。(3)对于以往以"刀耕火种"耕作方法作为景颇族社会仍处于原始社会生产方式的主要根据的认识是片面的。景颇族结束迁徙状态进入德宏后,主要居住在山区,地广人稀的土地资源情况和得天独厚的自然气候条件,使得景颇族民众可以占有数量较多的旱地,而"刀耕火种"的耕作方法是适应当时人少地多的状况最适宜的耕作方法。由于景颇族占有的旱地较多,每

第四章 景颇族社会经济发展概况

块地按照8~12年轮作一次的方式耕种,放火烧荒形式不仅保持了土地的肥力,还实现了景颇族所耕种土地的可持续发展,这不是原始落后,而是适合当时(人少)当地(自然气候条件)的科学合理耕作方法。(4)对一个民族社会发展进程的定位不仅要考察经济基础,也应就这个民族的上层建筑、思维和文化进步情况做综合的分析。景颇族丰富多彩的文化艺术形式,可以与古希腊荷马史诗相媲美的景颇族创世史诗《目瑙斋瓦》《孔然斋瓦》,集民族历史、文化、舞蹈、音乐和风俗为一体的目瑙纵歌文化,有精美复杂的立体几何图案和丰富民族文化内涵的景颇织锦文化,是一个仍处于原始社会末期的民族所不能拥有的文化进步标志。(5)造成景颇族直到中华人民共和国成立前经济发展相对落后的重要原因是景颇族社会发展长期处于迁移的流动过程,最后到德宏选择居住地时,只能选择生产条件比坝区相对劣势的山区,在相对安定的环境下发展经济只有300多年;加之长期受封建统治阶级、国民党政权推行的大汉族主义及土司领主的分而治之,人为制造封闭,影响了景颇族社会生产力的提升和生产力的发展。

综上所述,解放前德宏景颇族地区的经济形态,总的来看封建领主制经济发展较为充分,并已成为大部分景颇族聚居区的主导形态。原因如下:

第一,从解放前夕德宏景颇族聚居区的生产力发展水平看,封建领主制的经济形态在大部分地方都有显现。景颇族在迁入德宏以前,已经建立起"贡晶贡萨"奴隶制,到公元12世纪左右,在高黎贡山西南部地区已出现奴隶占有制,社会分成"督阿缪"(贵族官种)、"达然达瑞"(百姓)、"木央"(奴隶)三个不同等级,奴隶制经济得到初步发展。在迁入德宏以后,景颇族山官把原来的统治方式移植到当地,但"贡晶贡萨"奴隶制在德宏地区的发展遇到来自各方面的挑战,已失去了其存在的基础,并最终实现向封建领主制的过渡。

第四章 景颇族社会经济发展概况

从外部因素看,德宏地区很早就处于中央王朝的统治之下,居住在这里的汉族、傣族生产力发展水平较高,已处在封建领主制阶段。受汉族和傣族先进生产方式的影响,景颇族内部的奴隶占有制发展遇到前所未有的困难,一是掳掠奴隶出现困难,二是原有的奴隶也不断逃亡。奴隶社会的等级制度虽然存在,但3个等级之间的比例严重失调,奴隶只占当时总人口的4%~5%,奴隶制已失去它存在的社会基础。同时,随着汉族、傣族先进生产技术的传入,使用先进的生产工具和耕作方法已成为必然选择。生产力水平的提高,使德宏大部分景颇族山寨内部都产生了封建因素,土地名义上属于山官所有,但百姓可以在其辖区内自由开垦荒地。这种土地所有制形式的变化,表明了这一地区的社会发展具有了封建领主制经济的特征。

从内部因素看,农业是景颇族的主要物质生产来源,在迁入德宏初期,主要耕种旱地,生产工具比较简陋,只能采取"刀耕火种"的生产方式。随着与当地各族人民交往的进一步加深,在生产方式上,引进了水稻种植和水田开垦技术,生产上有了犁耕的水田农业,铁农具得到普遍使用,这就使单个家庭的劳动成为可能。由于劳动方式的变化,人们逐渐产生了劳动报酬和劳动价值的观念,私有观念已深入人心。在不断迁徙发展的过程中,一些没有山官继承权的贵族和平民等级的大姓,占有了较多的土地,部分人也通过经商或其他手段拥有了较强的经济实力,奴隶制的存在严重影响到他们的既得利益,他们与"贡萨督"内部的矛盾日益显现,迫切要求改变这种现状。正是在这样的背景下,大约在19世纪初期,德宏地区的景颇族社会已开始逐步由奴隶制向封建领主制阶段过渡了。

第二,从解放前夕德宏景颇族聚居区的社会生产关系发展看,景颇族社会内部已基本形成了世袭的封建领主和受封建领主剥削压迫的百姓两大根本对立的阶级。在景颇族由奴隶制向封建领主制过渡的过程中,原来的奴隶主山官变成了世

第四章 景颇族社会经济发展概况

袭的封建领主山官，一部分带领族人开拓疆土的贵族官种和富有百姓也变成了封建领主；原来的"达然达瑞"（百姓）地位有所提高，有了较多的自由，获得了小块土地的使用权，可以在土地上自由选择经营方式，可以在山官辖区内自由迁徙，可以在荒山上开垦荒地；而大部分的奴隶也逐步转化为封建领主统治下的农奴。在这种生产关系下，山官占有生产资料但不完全占有劳动者，但劳动者对山官的人身依附关系并没有减弱，山官对农奴的剥削是天经地义的事情。由于这种社会变革是通过和平方式实现的，对"贡晶贡萨"山官制度并没有造成本质的改变，改变的只是剥削方式和统治方式。

从剥削方式看，由于百姓使用的土地名义上是山官赐予的，百姓每年必须为山官出工（官工）4~6天；秋收时要交纳1箩谷子（官谷）请山官尝新；山官家有红白喜事，百姓要交纳鸡、蛋、酒、米等。从陇川邦角"木然"氏山官在其辖区征收的徭役贡赋看，有"官工（每年派300

多个)、官谷（包括官田租、地租、水口租等，各项租谷每年收3000多箩）、保头（每年收1000多箩）、官烟（每年收4000多两），还有名目繁多的杂派"。这种剥削方式，明显带有劳役地租的特征。

第三，从山官在其辖区的统治方式看，山官拥有直接的统治权，其官位的继承和对社会成员的统治也带有封建领主制的特征。山官在其辖区内拥有官位世袭权和独立的行政权、司法权及军事指挥权，与社会成员之间建立起一种上下隶属关系。(1)在官位的继承方式上，表现为幼子继承制。景颇族的《督德拉法》规定，"山官官位由'乌玛'（幼子）继承，非幼子要当山官需另立新寨"。这种幼子继承制明显带有宗法制的痕迹。(2)在社会成员的关系上，实行严格的等级划分。《督德拉法》规定，"山官只能由瓦乾娃的后代木日、勒佗、勒排、恩孔、木然等五大官种担任"；"只有贵族官种的男女才有权取名'早''扎''南'"；"只有山官才能建盖'厅努'（高楼）瓦房，百姓等级无论多富有都只能建'恩达'草屋"；"只有山官才能骑马，百姓等级的村寨头人要骑马，必须先送一匹马给山官"。（3）在行政管理方式上，表现出明显的封建化特征。山官是景颇族聚居区的最高行政长官，每个山官在自己的辖区都建立有完整的统治机构，最高权力机关是"督荣"山官衙门，下设各类行政官员，协助山官管理内政、外交、军事、财务等行政事务。如司朗荣（长老会议）、诗瓦达（群众院）、片达（军事部）、钦曼达（总管部）等，每个山官在自己的辖区独立行使行政和司法职权，不受外界的任何影响。（4）在军事上，山官拥有独立的军事指挥权力。在山官的统治区域内，多数建立起了完备的军事组织，大的山官不仅有自己的官府卫队，还建立起归属自己控制的庞大军队。如陇川木然山官早乐东在1880年前后组建了保卫官府辖区的"偏朋"军队，"后扩建为3个大队、12个中队、40个小队"。又如"邦角山官尚自贵，不仅组建了50余人的官府卫队，还组建了500余人的民团,下辖5个大队,拥有各种新式武器"。这些军队具有两个职能:一是对外维护领土主权和辖区利益;二是对内维护山官利益并镇压人民的反抗。从以上可以看出,这一时期的山官表面上接受中央王朝的册封,服从中央王朝的领导,实际上则是拥有独立的政治、经济、军事权力的世袭封建领主。山官和百姓的关系,既是一种统治与被统治、剥削与被剥削的关系,又是一种互相依存、互为发展的关系。在这种关系下,山官要获得生存和发展,必须依靠广大百姓的拥护与支持,依靠百姓的勤谨劳作,依靠对百姓的不断剥削,这种剥削又是控制在百姓能够承受的基础之上的(能维持基本生活)。部分山官还自己参加劳动,其家境贫寒到甚至还不如一个汉族的中小地主。而百姓对山官的依赖,既有宗族关系的情分,又有生活资料的获得。在他们眼中,是山官给了他们生存的权利,所以多数百姓服从山官的领导,响应山官的号召,自觉为山官尽各种义务,山官在他们眼中的地位是不可替

第四章 景颇族社会经济发展概况

代的。

第四,德宏地区景颇族的社会发展往往呈现出一种跳跃式的跨越,这种发展过程难免带有一些原始落后的特性。德宏地区的景颇族社会是在奴隶制经济未能充分发展的情况下逐步向封建领主制过渡的,因而保留了许多原始落后的因素,这往往给人们对景颇族所处社会发展阶段带来错误判断。实际上,省民族工作队、全国人大民委办以及马曜先生对景颇族社会发展阶段的判断都有一定的片面性,与当时德宏景颇族社会发展的实际情况还是有较大偏差的。出现判断偏差的原因一方面是当时的工作组对德宏整个景颇族社会发展情况的调查不够充分,调查范围只局限在潞西县的三台山和西山,没有深入到所有景颇族聚居区;另一方面也反映出景颇族在其社会发展过程中的确保留了许多原始落后的生产方式和生活方式,往往影响了人们的判断。从当时的实际情况看,景颇族社会内部实际上是多种经济成分并存,部分地区旱地、山林、牧场属居住区域内的山官所有，但水田属于私人所有，可以出租、典当或买卖。陇川邦角地区贫富分化明显，私有制经济成分已占主体。部分地方商品经济得到发展，出现了专门从事商业活动的生意人"普夏"，如"陇川王子树盆都寨的韦家就是经商致富，其富有程度超过所有山官"。当然，还有少数地区特别是比较偏远的山区，"生产力水平低下和停滞，刀耕火种为主"等现象依然存在。

第五，德宏地区景颇族的社会发展是不平衡的，部分地区还处在由奴隶制向封建领主制的过渡阶段，还有部分地区通过群众性的反山官斗争，建立起"贡荣贡咱"（自由、民主）的新制度，但封建领主制仍然是当时景颇族社会发展的主流。景颇族迁入德宏的初期，在各地山区建立起地域性的政权，这也是各山官管辖的范围。当时主要耕种旱地，"刀耕火种"是主要的生产方式。随着与汉族、傣族交往的加强，铁器等先进生产工具及先进生产技术纷纷传入景颇族地区，使景颇族社会的生产方式发生了质的变化，德宏地区的

第四章 景颇族社会经济发展概况

大部分景颇族开始了由奴隶制向封建领主制的过渡。在实现这种过渡的过程中,各地的情况是不一样的。一些交通闭塞,远离汉族和傣族聚居区的景颇族山区,仍然保留着较多的原始公社和奴隶制阶段的痕迹,直到新中国成立前夕,仍然没有完成向封建领主制的完全过渡,如:瑞丽的雷弄、陇川的邦瓦、潞西的弄丙。一些封建领主制经济较为发达的地区,由于山官对百姓的剥削较重、阶级矛盾尖锐,群众反山官的斗争此起彼伏,部分地区的群众经过长期斗争,推翻了山官的统治,建立起"贡荣贡咱"的新制度。如:"盈江支丹山地区经过20多年的武装斗争,推翻了'勒排'氏山官的统治;盈江铜壁关地区先后发生14次农民起义,大部分村寨的起义都获得了胜利;陇川的弄贤、葵当两寨群众也推翻了山官统治。"在"贡荣贡咱"制度下,山官成为村寨中的普通成员,各村寨选举头人为领导,他们没有任何特权。这时,村寨土地为各户私有,可以自由买卖,租佃和转让,其经济形态已过渡到封建地主经济了。但纵观整个德宏景颇族聚居区，绝大多数村寨仍然处在山官的统治之下。

总之，由于景颇族迁入德宏时间有先有后，选择的定居地条件千差万别，受汉族和傣族先进生产方式的影响情况各有不同，造成了德宏景颇族聚居地区社会发展的不平衡。但从总的情况看，封建领主制的经济形态发展较为充分，并已成为大部分景颇族聚居区的主导形态。

景颇族文化发展概况

景颇族人民在长期的生产、生活实践中创造了丰富灿烂的民族文化。它是景颇族人民在漫长的历史活动进程中同周边各民族相互学习、相互交流、相互借鉴、不断丰富完善而形成的。

一、景颇族的语言和文字

（一）景颇族的语言

景颇族的语言较为复杂，其使用的语言通常称为景颇语，属汉藏语系藏缅语族景颇语支和缅语支，有景颇语和载瓦语两种方言。景颇语方言属景颇语支，载瓦语方言属缅语支。景颇语除景颇方言外，还有恩昆、息丹、高日、蒙支等方言。载瓦语有载瓦、勒期、浪峨、波拉四种方言，之外还有龙准、亭注、崩瓦等方言土语，但在其词汇、语法结构上基本一致。

景颇语与载瓦语在基本词汇和语法结构上存在较大的差别，但在一些古老的词和一些基本的语言成分上又有同源的关系。各支系经过几百年的相互融合，彼此之间对对方的语言都有所了解，不少人精通多种方言。

(二) 景颇族的文字

景颇族原来属于有语言没有文字的民族，其有文字的历史最早始于19世纪末西方基督教传教士在缅甸进行的传教活动。为传教方便，1890年，在缅甸克钦邦传教的美国侵礼会的英国传教士奥·汉森，在缅甸八莫一带，以当地景颇语为基础，用拉丁字母首创了景颇语拼音文字。这套文字共有46个字母和复字母，能够基本正确地拼写景颇语,但不够完善,有部分语音表达模糊,没有统一规范,也无统一规则,致使语意表达不清。虽然如此,还是在1895年得到缅甸英联邦政府批准并在缅甸境内推广使用。该文字传入我国是在20世纪初,但对我国景颇族的影响十分有限,根据新中国成立初期的调查统计,懂此文者不到景颇支系人口的10%。

由于受方言影响较大,景颇族并行通用两种方言文字,即以景颇支系语言为基础形成的景颇文和以载瓦支系语言形成的载瓦文。20世纪50年代以前,有部分景颇族通晓使用由境外传入的景颇文和载瓦文,之后,则普遍使用国家新创制的景颇文和载瓦文。

1957年,我国民族语言工作者对老景颇文进行了改造,制订了一套适合我国景颇族语言特点的新景颇文。新景颇文以德宏傣族景颇族自治州的景颇语为方言,以盈江县铜壁关乡的恩昆话为标准语音来设计,共有23个字母。它修正了老景颇文的一些明显不合理的声韵母拼法,使之更合乎语言科学的规律。

载瓦文最早创制于1887年,它也是外国传教士为传播基督教的需要,在缅甸景颇族地区用拉丁字母创制的。1934年,法国传教士威廉等人曾在德宏潞西县东山乡传播过这种文字。另外,在1927年,缅甸的景颇族载瓦支系知识分子,亦曾仿照景颇文,创制出另一种载瓦文,但这两种载瓦文均不能准确地表达我国载瓦语的语音,所以未能在我国景颇族地区广泛推广。

新载瓦文创制于1956年,它以德宏州潞西县西山乡的龙准话为标准音,属于拉丁字母式拼音文字。1957年,为了与汉语拼音方案尽量取得一致,对新载瓦文又做了修订。1958年,由于受"左"的思潮影响,刚刚起步的载瓦文试行工作中断。1983年,新载瓦文在略加修订的基础上,又重新恢复试行。1987年4月,德宏州人民政府正式批准新载瓦文推广使用。

二、口传文学

景颇族长期没有文字,其传统文学主要是以

口传文学的形式出现的。这种口传文学与景颇族的宗教活动紧密联系，记载了人们对鬼神的崇拜敬畏及对幸福生活的向往追求，都是由景颇族的董萨们以口耳相传的形式继承下来的。因此，董萨就是景颇文学艺术的最主要的创作者、表演者、保存者和传承者。景颇族的创世纪神话、繁衍与迁徙的历史、生产与生活、与周围环境和各民族的关系、欢乐与痛苦等等，都是因为斋瓦和董萨们的世代吟诵和创作而得以保存下来。景颇族学者李向前根据盈江县大斋瓦贡推干（汉文名沙万福）的吟唱整理而成的创世史诗《目瑙斋瓦》和根据管约英的吟唱整理而成的《孔然斋瓦》就是其中最有代表性的两部史诗。主要叙述了天地的形成、鬼神的世界、人类的出现、景颇族的起源、人间的生活、爱情与痛苦等，充分展现了景颇人民心目中所向往的世界。

情歌也在景颇族文学中占有重要地位，主要分为两种，一种是人们在平时生活中所唱的歌曲，另一种是男女青年在"干脱总"串姑娘时唱的歌

第四章 景颇族社会经济发展概况

曲。前者多是男女青年在田间地头劳动时的即兴对唱,或小伙子在姑娘房前屋后唱的;后者则是未婚青年男女在晚上集体相约玩耍,谈情说爱时唱的。男女都用假嗓音,歌声热情温柔,悠扬缠绵。情歌的歌词把青年人的思念、爱慕之情与他们的生产活动及大自然的常识巧妙地联系在一起,表达了真挚朴实的自然情感。

三、景颇族的音乐和舞蹈

(一)景颇族的音乐

景颇族的音乐主要有声乐和器乐两种,声乐又分为古歌谣(山歌)和现代民谣。在景颇族的声乐中,浪俄支系和景颇支系的音域里蕴藏着大草原的悠扬旋律,载瓦支系的音域里却具有横断山脉高亢跌宕的韵律。乐器多为管乐器,景颇语统称为"商比",因功能不同,又有"比作""比格""比孙""锐作""盏史"等多种,旋律富于变化,音色细和柔美,能传情达意。此外还有打击乐器(鼓、铓、锣、象脚鼓等)、吹奏乐器

("宋比"或"桑比",按其性能、特征、演奏技巧及音色,又可分为"文邦宋比",较大庆典活动、迎宾仪式、娱乐性场合均可演奏,多为青年人演奏;"洞巴",又称"比克",既牛角号,有音符,目瑙纵歌或较大欢庆性活动中均为主要演奏乐器,可演奏的曲调为目瑙纵歌调、文邦调等,多由中老年人演奏)、管乐器(有"勒绒""比春""町瓦"等,多由中老年人演奏;口弦,主要是妇女吹奏的乐器,有铜片和竹片制作的两种,由铜簧片和竹篾簧片弹吹发音,可以传情达意)。

(二)景颇族的舞蹈

景颇族是一个能歌善舞的民族,其音乐与舞蹈常常是融为一体的。其舞蹈主要有"目瑙纵歌""布滚歌""龙洞歌""金再再"和"向姆赫"等,有的形式相同但却包含着不同的内容,因此,有的舞蹈富有多用的效应。在跳舞过程中使用的乐器主要有木鼓、象脚鼓、铓锣、竹制管乐器"桑比""勒绒""比春"和景颇唢呐"洞

第四章 景颇族社会经济发展概况

巴"等。其舞蹈大致可分为以下几类:

1. 祭祀性舞蹈。主要有"格崩咚""金再再""目瑙纵歌"等,这种舞蹈是在德高望重的老人或督王官氏死后所举行的悼念性舞蹈。"目瑙纵歌"是景颇族舞蹈中最有代表性的。"目瑙纵歌",景颇支称"目瑙",载瓦支称"纵",浪峨和博拉统称"占",喇期支称"装",都有欢聚歌舞之意,现在统称为"目瑙纵歌"。成百上千的身穿节日盛装的人们聚集到广场上,在木鼓、铓锣的伴奏下,男子手持长刀,女子手持扇子、手帕,围绕目瑙示栋载歌载舞,声如涛海,舞如长龙。据景颇族创世纪所载,"目瑙纵歌"是鸟类从天上学来的,人类又从鸟类那里学会了这种舞蹈。跳"目瑙纵歌"前人们先在广场中央立四根目瑙柱(也叫"雌雄牌"),上面绘有太阳、月亮的图案和代表舞蹈行进路线的纹路,下面的两条线则代表着大地。"目瑙纵歌"这种大型舞蹈除了在祭祀木代鬼时跳以外,有木代鬼的山官家死了人时也要跳,但规模要小得多。由于百姓家没有木代鬼，所以他们在死了人时不能跳"目瑙纵歌"，只能跳"布滚歌"和"龙洞歌"。"布滚歌""龙洞歌"和"金再再"都是在举行丧葬仪式时跳的祭祀舞蹈，但其内容有所区别，形式也不一样。"布滚歌"于人死后的当天晚上开始跳。人们来到死者家中，在死者的周围边跳边舞，直至天明，以追念亡灵。歌词和舞蹈形式主要是叙述死者生前的劳动业绩，如磨刀、开地、砍柴、种豆子等。跳舞时男子手持火枪或棍子，女子双手持短棍于胸前，跟随着领舞者"勒芒"的步伐，按铓锣的节拍依次完成各种舞蹈动作。"龙洞歌"也是丧葬祭祀的舞蹈，但却具有驱邪撵鬼的性质，于发丧日在死者房前举行，在那里竖起一个用竹子和树枝架成的圆锥形架子，中间高高插着一棵砍去头的竹子，代表着死者。领舞者为两男子，各手持长矛，上面挂着小竹篮、小铃铛之类的饰物，围着架子相对狂舞。他们或进或退，或上下跳跃，象征着生死与鬼魂之间的搏斗。"金再再"是一种化妆驱鬼送魂的舞蹈，过去常在山官或其他重要人物的丧礼结束时表演。由两个男子主舞，他们的脸上和赤裸的全身绘满了红、绿、黑、白四色花纹。其中一人的花纹呈波浪形，一人的花纹呈直线形，代表着一雌一雄的鬼灵。他们躲藏在去坟地路旁的树丛中，当送葬的人们从墓地回来时，他们一跃而出，做出种种凶恶可笑的动作，狂舞着向人们进攻。人群惊慌而逃，继而又群起舞刀鸣枪而攻之，将他们撵跑。

2. 狩猎性舞蹈。主要有"龙洞歌"，是狩猎前先在寨里举行的预祝狩猎获胜的舞蹈。

3. 军事性舞蹈。主要有"尚歌"（刀术）、"拳歌"（拳术）、"德如目瑙"（出征前誓师动员大会）等。

4. 生产劳动性舞蹈。主要有"布滚歌"，一般在祭祀性活动中举行，主要反映生产劳动的整个过程和内容。

5. 欢庆性舞蹈。主要有"纵歌"（象脚鼓舞）、"叮歌"（三弦舞）、"目瑙纵歌"等。"纵歌"是在进新房时跳的。新房盖好后，人们载歌载舞举行庆祝,唱词是盖房子的全过程。"叮歌"是向傈僳族学来的一种欢快的群众性舞蹈,在青年男女中十分流行。领舞者手持小三弦伴奏,参加者可多可少,场地不限。

6. 刀舞。景颇族的刀舞也有其特点,主要有"向姆赫""串歌""以弯弯"等,都是由战争舞蹈发展演变而来。舞者右手持刀,左手持盾,以跑跳步伐时而前进,时而后退,前进时右手出刀劈杀,后退时左手以盾护身。

四、景颇族的绘画和手工技艺

(一) 景颇族的绘画艺术

景颇族的绘画历史同宗教联系密切,在"目瑙纵歌"的雌雄牌上、督王官府的横梁上、"金再再"舞者的身上、谷木戒的形象绘制上及寨门口的木桩、鬼桩上都可以看到景颇族的绘画艺术。绘画的颜色都是以红、黑、白三色为基本色调,画面所表现的主要是相互连接的螺旋形圆圈、直条纹和规则的几何图形以及太阳、月亮、山峦、河流、五谷、刀枪、动物等形象。

(二) 景颇族的纺织与刺绣艺术

纺织(织锦)是景颇族的传统手工行业,景颇族有较高的纺织技术,能织出数千种精美图案,花纹美观大方,色彩艳丽。主要织物有筒裙、筒帕、护腿、腰带和女子的包头巾等。

景颇族的刺绣最常见的就是在手巾上刺绣和在护腿上刺绣。另外,在男子裤腿边及包头布两端,年轻姑娘的上衣上,小孩的上衣边、领口、背心和袖口上都有简单的刺绣,其图案大多模仿植物形状绣成。

(三) 景颇族的雕刻艺术

景颇族的雕刻主要有圆雕和竹木刻,常见的有坟头的木鬼、木鸟形象以及扇子筒、织布木棱上的刻花图案等。

(四) 景颇族的编织艺术

景颇族的编织有很高的艺术造诣,常见的编织品主要有花篮、背篓、挑箩、鸡笼、小腰箩、背带、刀鞘、酒筒等,多用藤篾编织而成。

五、景颇族的神话与传说

在景颇族长期的发展与迁徙过程中,留下了许许多多的神话传说,它们一方面反映了景颇族对未来生活的向往,另一方面也反映了景颇族对自然现象的不解。

(一)民族繁衍的由来

据景颇支盈江县大斋瓦沙万福口述:自天地形成后,人类的第一代祖先彭甘寄伦(男)和威纯木占(女)生下了天地间的万物及天鬼、地鬼和他们的儿子宁贯娃,宁贯娃生子扎宋扎,扎宋扎生子纯娃木堵,纯娃木堵生子德洛仲利、木干仲梯,德洛仲利生子木脱贡样,木脱贡样生了作娃省纳等九个儿子,作娃省纳又生十一个儿子,成为各民族的祖先。其中,老三木如娃腊匹是浪速支的祖先,老六蚌用景颇为景颇支的祖先,蚌用景颇生子瓦乾(切)娃,瓦乾娃又生九子,其中的木日娃、勒佗娃、勒排娃、恩孔娃和木然娃成为带有金气的"官种",八子喷那弄锐则成为

第四章 景颇族社会经济发展概况

载瓦支的祖先。后来，瓦乾娃把他的五个儿子分派到各地当督官，发展为景颇族社会的五大贵族官种。

(二) 宁贯赐文

传说，在宁贯娃时代，宁贯娃目冈（Ninggon wa magam）创世之后，对人类各种族祖先的钱、财、物集中分配了三次。

创世之始，人类之祖宁贯娃目冈认为人类没有文化，任何事情都做不好，人世间也难以发展进步。因此，宁贯娃首次给人类种族的祖先们分配了文字。宁贯娃把文字分别写在竹片上、木块上、牛皮上等，景颇族祖先姗姗来迟，宁贯娃就把领剩的"牛皮文字"分配给了景颇族祖先。景颇族祖先在返回的路上，肚子饿了，就把"牛皮文字"烧烤后充了饥。基于这样的传说，千百年来景颇族真的没有了文字，直接阻碍和影响着景颇族各个社会历史阶段的发展和进步。汉族、傣族等民族的祖先领回了写在竹片上、木块上的文字，率先进入了文明、进步的社会形态。

"牛皮文字"的传说,是景颇族人民祖祖辈辈的理想、希望与寄托。它传而不衰、人人皆知,虽然还有很多美中不足,但在今天的现实生活中,景颇族已经有了本民族的文字。景颇文和载瓦文的创制,圆了景颇族先人们多年的"牛皮文字"梦。

(三) 目瑙纵歌的传说

传说,在远古时代,只有在太阳宫里才举行目瑙纵歌盛会。有一年,太阳宫里举行目瑙纵歌活动时,太阳公公邀请地球上的万物生灵到天宫参加目瑙盛会,地球上的人类和许多动物无法飞往天堂去参加,因此,大家就推举鸟类代表前去。

鸟类参加了天宫里的目瑙纵歌后,返回途中在康星央枯的黄果树林里歇息,它们看见周围黄果树上结满了红红的果子,就请来所有的鸟类一起食用,为庆贺餐食的丰硕和总结天宫里的目瑙舞姿,便齐力推举胜独鸟当主持,鹦哥鸟当斋瓦,章脑鸟当董萨,孔雀为领舞,就地跳起了地球上的首届鸟类目脑纵歌。

第四章 景颇族社会经济发展概况

这时,人类祖先孙瓦木都和贡东都卡(一说为宁贯娃)来到黄果树下,看见鸟类所跳的舞姿,便被吸引住了,他们悄悄注视着舞蹈的变化、转换,一边观察,一边模仿。鸟类的目瑙结束后,他们回到家里,就在当年正月十五把从鸟类那里学来的目瑙移植到了人间,并在康星央枯这个地方举行了人类首次庆丰收的目瑙纵歌盛会(苏目瑙)。

后来,随着景颇族各支系不断地迁徙与分离,景颇族各支系流传举办最多的目瑙纵歌是兄弟分离的宫然目瑙。约从公元5世纪初开始,景颇族祖先总共举行了三次规模较大的宫然目瑙。在举办这三次宫然目瑙时,使用的目瑙示栋桩形式各有不同,兄长穆日哇宫瓦术甘的示栋桩分散在房前屋后,称为"栋办办";二弟勒佗哇糯弯的示栋桩则集中在门前场地中间一起栽桩,称为"栋争仲";四弟穆作哇恩孔的示栋桩又是顺房一排栽桩,称为"栋洋洋"。示栋桩的使用形式各异,内容则一致,给后人提供了可选择的适用方法。

至今运用最广的是勒佗氏族的"栋争仲"模式。景颇族自古到今,举行过无数次的目瑙纵歌盛会,其内容和形式大致有以下几种:

(1) 朱目瑙(Ju Manau)——丧葬、祭祀

(2) 苏目瑙(Sut Manau)——招财、庆丰收

(3) 巴当目瑙(Padang Manau)——庆祝胜利

(4) 德如目瑙(Daru Manau)——出征、誓师

(5) 宫然目瑙(Kumran Manau)——分别

(6) 宫润目瑙(Kumrun Manau)——大会师

(7) 亭然目脑(Hting ram Manau)——和解

(8) 能覃目瑙(Ninghtan Manau)——组织动员

(9) 欣灵目瑙(Shinglin Manau)——祝寿

(10) 亭覃目瑙(Htingtang Manau)——财富

(11) 亭热土目瑙(Htingra htu Manau)——选址奠基

(12) 定栓目瑙(Dingshon Manau)——新居

落成

（13）瑙赛目瑙（Nausot Manau）——娱乐性活动

（14）肯然目瑙（Hkungran Manau）——结姻嫁娶

（15）克龙目瑙（Hkalum Manau）——欢迎宾客

目瑙纵歌，是景颇族优秀传统文化的最高表现形式和结晶。解放前，因经济承受力及承办的政治权力问题，景颇族的目瑙纵歌均由享有木代天神的督（官）主宰和举办。解放后，在中国境内所举办的目瑙纵歌，均为政府资助扶持，属官办民乐形式。如今，在芒市、陇川、盈江、瑞丽等县市，均有固定的目瑙舞场和钢混结构的目瑙示栋桩。部分乡镇、村庄，如盈江县卡场和铜壁关、芒市西山、畹町曼棒、陇川弄巴和弄安及梁河邦外等地也建有目瑙示栋桩。党和政府对景颇族的民族节日高度重视，1983年，经德宏傣族景颇族自治州人民代表大会讨论通过，把每年的正月十五确定为景颇族的法定节日即目瑙纵歌节。民族传统的节日活动，赋予了时代的新内容。2006年，景颇族的目瑙纵歌被列入国家级非物质文化遗产名录。

六、景颇族的习俗与禁忌

(一) 景颇族的建房习俗

景颇族的住房是用竹子、茅草建造的干栏式房屋，分上下两层，楼上住人，楼下饲养猪、鸡。竹楼以屋脊为界隔成两半，一半是主人家居住和煮饭的地方，靠里面的一端为上方，由长辈住，靠外的一端为下方，由晚辈住；另一半用于招待客人和堆放杂物。景颇族在建盖新房时有择地基和贺新房的习俗。

1. 择地基。景颇族建房，对地基的选择极为慎重，地基选得好，才能幸福吉祥。选择地基的方法特殊而有趣，主要有：（1）以米试地。在选好的地基上挖一个小坑，把一节竹子剖成两半，一半装上米粒放入坑中（家里有几口人，就在竹

第四章 景颇族社会经济发展概况

片里放几颗大米)。在大米的两头,用栗炭画上记号,然后把另一半竹片盖上去,用土埋好。第二天太阳出来时,再去扒开看,如果大米保持原状,说明此地宜于盖房,生活在此地衣食无忧,日子好过;如果大米有被移动的迹象,说明地基不好,不宜建房;如果大米减少,则是凶兆,少一粒米就会丢一条命,少两粒米会死两口人,凡遇到此情况,必须另选地基。(2)以水试地。在选中的地基上,挖一个小坑,把一截长10~15厘米、粗2~3厘米的新鲜竹筒装满清水放进坑里。竹筒上端用叶子盖好,然后用土埋起。第二天清晨去看,如果竹筒里的水还是满满的,说明这地方水土养人,可做地基;如果水少了要另选地基。(3)以酒试地。把甜白酒用芭蕉叶包上两包,在选好的地基两端各埋一包,三五天后挖出。如果酒味甜,则视为吉祥,在此居住家庭和睦、五谷丰登;若酒味变酸,或者被蚂蚁吃过,则视为不吉,不宜盖房。(4)以梦试地。有两种方式,一是地基选好后,晚上背着毯子去睡一夜,如梦见大海、日出、泉流等，则视为吉祥；梦见山塌方、太阳落山等为不祥。二是在选好的地基上取一把土回来，放在枕头下面，晚上睡觉梦见日出、大海、背米、吃饭等就做地基；梦见塌山、日落等就另选地基。

2. 贺新房。房子快要建好时，主人家就准备好足够的米酒、水酒和肉食，待选定吉利日子后，就举行进新房的仪式。届时，邀请本寨村民和附近山寨的亲朋好友参加。男女老少穿上新衣，女人背着装有米、酒、油、盐等食物的礼篮，男人们敲打着象脚鼓、铓锣，兴高采烈前来庆贺。主人家安排几名身着盛装的女子站在路口，手持水酒筒，向每一位来宾敬酒。整个山寨充满着节日的欢乐气氛。

夕阳西下，在"董萨"带领下开始祭祀祖先神灵的仪式。"董萨"卜卦选定一男一女，女的身背米袋，手提铁锅；男的手持燃烧的木柴，庄重地走进新楼，举行新楼火塘的点火仪式。当火塘蹿出火苗时，楼下擂响象脚鼓，鸣放鞭炮，新竹楼前一片欢腾。

第四章 景颇族社会经济发展概况

夜晚,男女青年在新竹楼旁环绕着篝火,翩翩起舞,纵情歌唱。手捧酒筒的女子不断向宾客敬酒,酒助舞兴,酒煽激情,熊熊火光映红了每个人的脸庞。屋内的人们举杯畅饮,听歌手唱古老的"木占调",用形象生动的语言描绘眼前欢乐场面,追述景颇族祖先学会盖房的经过。贺新房的狂欢,将持续到第二天的拂晓。

(二) 景颇族的丧葬习俗

景颇族的丧葬习俗独特。凶死行火葬,幼殇行天葬,正常死亡行土葬。在家中自然死亡视为善死,在外意外死亡、刀枪致死、上吊、投河自杀以及难产死亡均视为凶死。凶死者,尸体不能进寨。善死者,家人立即朝天鸣枪报丧,亲朋村邻闻讯带着礼物前来奔丧、帮忙。尸体一般停放在"鬼门"处。过去,棺材用粗大的树身挖空而成,入棺前洗尸、更衣,收殓入棺时在尸下垫棉毯(男用)或筒裙(女用),随葬品多为死者生前衣物及用品。出殡日期由"董萨"打卦决定,出殡前的每天晚上,村邻及奔丧人都要在死者家里通宵达旦跳祭祀舞蹈"布滚歌"（载瓦语，景颇语称"崩洞"），直至下葬后第二天才结束。埋葬的地点须选择地势高、背靠山顶面向斜坡的地方，迎面有山峰是最理想的坟地。坟址以抛掷鸡蛋的方式选择，鸡蛋破碎处为死者中意的吉址。丧葬仪式分埋葬和送魂两部分。过去，送魂仪式与葬礼仪式一般分开举行，在葬礼后一年之内完成即可；现在，大多数人家的送魂仪式与葬礼同时进行。葬礼结束后，一般要为死者举行送魂仪式，景颇族认为万物有灵，而人的灵魂最大，人死后要举行送魂仪式，把死者的亡灵送到祖先最初居住的地方，与先人的灵魂欢聚。送魂由巫师主持，边唱边跳，唱死者生前事迹以教育后人。送魂仪式结束后，要在一块较大的平地上跳"金再再"舞。大家在木鼓的伴奏下，边跳边唱《安魂歌》，舞蹈圈外有四个裸身绘满红、黑、绿、白条纹的男子，扮演成雌雄鬼。

（三）景颇族的饮食习俗

景颇族的主食是大米，但少数地区以玉米、

第四章 景颇族社会经济发展概况

小麦及一些豆类为主食。蔬菜是副食,在园子里种有青菜、马铃薯、黄瓜、茄子等,也有采集的竹笋、木耳等野生植物或菌类。肉食也是副食品,除家养的牛、鸡、猪外,还有猎获的山羊、野猪和麂子等动物。主食一般是煮成烂米饭或粥,肉食、副食用清水煮,加少许盐,一般很少用油炒。景颇族著名的菜肴有:

1. "舂菜"。主要原料有蔬菜、鱼、虾等及鱼腥草、荆芥等药用食物加上葱、蒜、姜、缅芫荽等佐料用竹筒舂制而成。"舂菜"清香爽口,还有防病、治病的功效。现已发展成有多个延伸品种的菜系。景颇族有"舂筒不响,吃饭不香"的说法。

2. "鬼鸡"。历史上杀鸡祭鬼在野外食用,后成为一道富有特色的菜肴。鸡煮熟晾凉后撕碎,再拌上剁碎的姜、蒜、缅芫荽、小米辣和柠檬汁以及盐、酱油等调料制成凉鸡菜。

3. "绿叶宴"。根据景颇族传统菜肴发展而成的招待贵宾的一套特色宴席。竹筒饭、竹筒舂菜，芭蕉叶盛饭菜、竹筒喝酒，在绿色山林中吃绿色的山茅野菜、炖土鸡，从内容到形式都是绿色的。

(四) 景颇族的主要禁忌

1. 社交禁忌。忌拍对方的肩膀、摸对方的头；忌用手推搡唤醒熟睡的人；忌刀尖直指对方；忌客人拒绝就座；忌客人从后门出；忌在屋内吹口哨；忌骑马进寨；忌女人手托下颊而坐、跷二郎腿；忌有客人时锅铲碰响锅边；忌抢坐他人位子。

2. 生产禁忌。忌抢开山地；忌砍倒大树不摆石头于树上祈祷而得罪树神；忌擅自烧地；忌烧地第二天撒种；忌盖新楼、贺新房说不吉利的话或吵架；忌有病危老人盖新房；忌家人病故不翻年就建新房；忌拿刀砍粮食；忌妻子怀孕期间参加狩猎。

3. 生活禁忌。忌在患重病人家讲告别性的话，要不辞而别；忌在客人面前争吵、打骂；忌朝楼下倒剩饭；忌在房柱上拴牛马；忌从篱笆竹缝里传递东西；忌妇女只接半竹筒水；忌拿筒身喝酒；忌路途中遇到野猪、麂子、鼠、蛇等横穿路或树枝掉落挡路不掉头往回走；忌出门听到乌鸦叫不掉头往回走；忌出行中踩别人的脚后跟。

七、德宏景颇族地区的民族教育发展情况

德宏景颇族地区最早的教育始于19世纪末，当时，为传教方便，有部分传教士到景颇族居住地区开办教会学校，以新创建的景颇文字为基础，以教授《圣经》为主要内容，开设了景颇文、英文、《圣经》、基督教规、宗教礼仪、珠算、美术、体育等课程，主要免费招收居住在山区的景颇族学生。1914年英籍牧师英格朗与缅籍牧师德毛糯到瑞丽市弄岛镇等嘎村开办了第一所教会学校；1931年布龙共早诺等人在盈江县铜壁关乡洋伞河办了一所教会学校；到1940年，景颇族地区共有教会学校21所，共招收学生2000多人。

民国政府建立后，1935年颁布了《云南省设置省立小学纲要》，根据纲要要求，德宏地区梁

河、盈江、莲山、陇川、潞西等地设治局分别创办了省立小学。到1949年底，共建立小学34所，在校学生1526人，其中景颇族学生52人。

新中国成立时，整个德宏地区除了34所小学外，没有一所中学。为加强民族地区教育的发展，党和政府首先接管了德宏境内的全部公立学校和部分私立小学及教会学校，从内地选派了部分青年教师前来任教，创办了一批免食宿费的公立小学，专门招收家庭贫困的各民族学生。如：1951年，潞西县政府帮助东山景颇族山官排早利在翁角开办了第一所景颇族小学。到1951年底，德宏地区共有小学99所，在校学生4066人。1952年，小学发展到144所，同时在盈江县和潞西县开办了2所民族中学，在校学生7197人，其中景颇族学生200多人。

1954年，保山地委制定《关于景颇族地区团结生产的任务和措施》文件，把帮助景颇族群众发展教育文化事业、办好学校作为五大任务之一。1956年，为加快景颇族聚居区人才培养的需要，

第四章　景颇族社会经济发展概况

潞西县首先在三台山生产文化站景颇族村寨创办"工读学校",实行"半工半读、以读为主"的办学方针。到1956年底,全州共建立起20所工读学校,招收景颇族学生740人。到20世纪60年代初,工读学校发展到93所,在校学生8000多人,并且大部分为景颇族学生。后来,国家在边疆地区大力普及国民教育,相继在景颇族地区建立了27所中心小学,所以,从1959年后,全州的工读学校就逐渐停办了。

为解决山区景颇族学生入学难的问题,1958年,潞西县政府在芒市还专门开办了一所"景颇族小学",主要招收山区的景颇族学生,免费寄读,衣服、伙食由国家供给,假期还有旅费补助。到1964年停办前,共培养景颇族小学毕业生869人。

同时,党和人民政府对景颇文的推广极为重视,编印出版了大量景颇文文字教材,在许多民族学校推广双语双文教学。1953年,在中央民族学院开设了景颇语、载瓦语专业;1956年,在云南民族学院也开办了景颇语专科专业；随后，新成立的德宏民族师范学校也开设了景颇文教学课程，培养了一批景颇族的知识分子。

"文化大革命"期间，德宏地区的民族教育基本处于停滞不前的状态，学校的正常教学秩序被打乱，部分教师被批斗，教师的教学和学生的学习都受到不同程度的影响。党的十一届三中全会以后，德宏地区的民族教育有了长足的发展，德宏民族师范学校恢复正常教学。1980年，德宏民族教育学院开办。1985年，德宏州第八届人大常委会第十六次会议专题讨论了全州少数民族教育问题，制定了一系列扶持发展民族教育的特殊措施，如：在民族中小学开展双语双文教学，中专开设民族语言文字课；建立寄宿制民族中小学和半寄宿制高小班；有条件的高中、中专、教育学院开办民族班，等等。到1988年底，全州共建立民族小学739所，在校民族学生59537人，建立民族中学21所，在校民族学生10770人。

为推动民族语言教学的不断发展，德宏州教

第四章 景颇族社会经济发展概况

育局制定了《德宏傣族景颇族自治州全日制小学民族语文教学大纲》，组织部分专家学者编写了《中师景颇文课本》《载瓦文中师课本》《汉景会话》等教材，决定从1985年开始，德宏州民族师范学校每年招收1个景颇语班。1984年，德宏教育学院、云南广播电视大学德宏工作站（后改为德宏广播电视大学）相继挂牌成立，到2000年，共培养专科和中专毕业生5000多人。

从2000年开始，德宏全州实施了边境、少数民族、贫困地区义务教育救助工程，对边境沿线农村傣族、景颇族小学生实行"三免费"（免除书费、杂费、文具费），2005年改为实行"两免一补"（免书费、杂费、补助生活费），全州84858名中小学生得到实惠。到2005年，全州有小学657所，在校学生10.88万人；普通初中60所，在校学生57204人；完全中学8所，在校高中学生7478人；中等技术学校4所，在校学生1654人；教育学院、电大各1所（两块牌子，一套班子），在校学生2976人；幼儿园81所，小学附设学前班328个,在园学生19876人。

2006年以来,随着教育投入不断加大,德宏边疆民族地区的教育事业得到长足的发展。农村义务教育实现了全免费,中小学危房大部分得到了改造。2004年、2006年,德宏州民族师范学校、德宏州农业学校分别整体并入德宏教育学院,改制为德宏师范高等专科学校,当年在校学生达到3600人。

八、景颇族非物质文化遗产名录

(一)国家级非物质文化遗产名录

1. 目瑙纵歌:2006年公布为"国家级非物质文化遗产名录"。

2. 岳麻通:1942~2012年,陇川县人,2009年被命名为"瑙双舞师代表性传承人"。

3.《目瑙斋瓦》:李向前著,2011年5月公布为"国家级非物质文化遗产名录"。

(二)省级非物质文化遗产名录

1. 何腊:2002年公布为民间音乐师。

2. 尚勒灯：2002 年公布为民间音乐艺人。

3. 排扎灶：2002 年公布为民间舞蹈师。

4. 石麻丁（女）：2002 年公布为民间织锦艺人。

5. 包勒况：2002 年公布为民间美术艺人。

6. 丁国强：2002 年公布为音乐演奏传承人。

7. 勒排当：2007 年公布为民俗主持活动艺人。

8. 谭孟撒：2007 年公布为刀削制作工艺师。

9. 何为民：2010 年公布为目瑙纵歌经师。

10. 朗增荣：2010 年公布为瑙巴领舞舞蹈师。

11. 赵保忠：2010 年公布为瑙双舞师。

第五章 景颇族家庭婚姻发展变化情况

景颇族的家庭发展情况

景颇族以一夫一妻制的个体家庭为社会基本单位,世系按父系计算,财产按父系继承。传统的景颇族家庭是以男子为主导地位的,景颇族人很讲究姓氏,子随父姓（招赘上门的男子不改姓,所生子女也随夫姓）。除姓氏随父外,族内支系也随父系。如母亲是景颇支系人,而父亲是载瓦支系人,那子女就是载瓦支系人。但布拉支系有点特殊,他们只有一个姓氏,不管其子女与载瓦、浪峨、勒期哪一支系的人婚配,其子女只能是布拉支系人。

在浪峨、勒期、布拉支系中,实行父子连名

制，即以父亲名字的最末音节为子女名字的第一个音节。

景颇族家庭中实行幼子继承制，幼子地位高于长子，长子婚后即另立门户，财产主要由幼子继承。

景颇族家庭很注重赡养老人。一般由幼子来赡养父母；若没有子嗣，则由兄弟之子或由同姓氏族人来赡养，在景颇族社会里不会出现无人赡养老人的现象。景颇族家庭里除了招赘上门者外，很少有由外姓人来赡养老人的，赡养老人者享有一定的财产继承权。

景颇族的婚姻制度"墨尤—达玛"

传统的景颇族婚姻关系是严格按照"墨尤—达玛"婚制的原则进行的。它有严格的婚姻线，有"丈人种（墨尤，给妻方）"和"姑爷种（达玛，娶妻方）"之说。

景颇族实行单方的姑舅表婚，即姑母家的儿子有优先娶舅父家的女儿为妻的权利，但舅父的儿子却不能娶姑母的女儿为妻，即所谓的"血不倒流"。"墨尤—达玛"的婚姻关系一经确立，姑舅表间的婚配就要世代相袭。除非是舅家没有合适的女子婚配给外甥，那外甥娶第三种姓的女子就名正言顺了，这样，又形成了新的"墨尤—达玛"关系。所以，要维系这种婚姻关系至少需要三个以上的集团构成，每个姓氏都可以与几个姓氏建立"丈人种"和"姑爷种"的婚姻关系，但必须遵守姑表不婚和同姓不婚的原则。

景颇族自古就有恋爱自由的习俗，但婚姻却不能自己做主，婚姻大事需由父母决定，未经双方父母同意，哪怕是有孕在身也不能结婚。

过去，景颇族内部实行严格的等级内婚制，官家与官家通婚，百姓与百姓通婚，官种之间借婚姻关系来保持自己的高贵血统，并出于政治目的而搞政治婚姻，但较富裕的百姓也能娶高等级的贵族子女为妻，只有奴隶不能与前两个等级通婚。景颇族家庭内夫妻地位平等，但在社会上女子地位低于男子。

第五章 景颇族家庭婚姻发展变化情况

20世纪50年代以后,随着政府禁止近亲结婚法令的推行,姑舅表联姻的情况已发生很大改变。

景颇族的恋爱和婚礼习俗

一、公房制习俗

在景颇族的恋爱活动中,存在着公房制的习俗。公房,景颇语称"恩垃达",载瓦语叫"干脱总"。公房一词,是解放后按其含义,归纳总结的名词。公房是景颇族青年男女谈情说爱、自愿选择配偶的场所。

景颇族青年男女在闲暇之余,在"胜叠叠""宽色色"活动之夜,都会集中到公房里进行对歌串姑娘。小寨的公房,一般设在大户家庭的外套间里,主人喝过塞耳茶、闭眼酒之后,会采取闻而未闻的态度。大寨的公房,则是单独建在寨中,或是寨边。

公房活动的内容,主要是对山歌。以火塘为

界，男女各在一边，男唱女对，女问男答，东绕西来，北转南回，直唱得伙子们喜笑颜开，直对得姑娘们激情荡漾。

当公房里活动的序幕拉开后，歌王歌后忙于对歌酣战，而更多的青年男女则是旁听和助兴。青年男女们一边听着，一边却不停地做着自己应该做的事。姑娘们有的捻毛线，有的编织长刀带或是修结挂包球绒等手工针线活；小伙子们有的赶制生产用具，有的则在雕刻口弦、酒筒，准备将自己的礼品送给意中人。某小伙如果看上某姑娘，首先得问清姑娘的姓氏，以确定对方是不是自己的"丈人种"。

这种活动有时会在月亮当顶时结束，有时会通宵达旦举行。小伙子们从几里外、十几里外赶来参加"干脱总"，未串上姑娘的小伙，为不影响翌日的劳作，只得在天亮前匆匆赶回自己的村寨。经过这样的多少个日夜奔波，有情人才可能终成眷属。

解放后，"公房"逐步消失。景颇青年往往

第五章 景颇族家庭婚姻发展变化情况

在劳动生产、赶集或节日喜庆中相互认识。

二、树叶信

景颇族男女青年谈恋爱时，有用"树叶信"传情的习俗。小伙子爱上某个姑娘后，就用树叶包上树根、茅草根、大蒜、火柴丝、辣椒等，做成一封"树叶信"，带给对方。送树根、茅草根表示自己深深想念她；送大蒜取汉语"打算"的谐音，表示男方有意娶女方为妻，请女方好好考虑男方的请求；送火柴丝意为无论你到哪里，我都要找到你，直到成一家；送辣椒，辣椒是景颇人吃饭时不可少的食物，说明男方十分珍爱姑娘。姑娘如果接受小伙子的爱意，就会制作一封相同的"树叶信"，捎给小伙子；如果可以考虑，就加一束奶浆菜；如不同意与男方交往，就在男方寄来的"树叶信"中，加上火炭，再将树叶翻过来包，然后退回男方。

三、过草桥

"过草桥"是景颇族婚礼中的重要仪式。接

新娘之前，男方家在院场上搭一座"草桥"，挖一个坑栽上两排绿草，两排草中搭一块长二至三米、宽十五至二十厘米的木板，草丛旁有祭祀神灵的四棵木桩，第一棵、第二棵木桩上各拴一头母猪分别祭祀祖神和婚礼神，第三棵木桩上拴两只小鸡祭祀家外诸鬼神，第四棵木桩上拴一头公猪祭祀官家之神，并请"董萨"来念祭词，"草桥"才算准备好了。

新娘接到家，一对新人相互敬酒、敬草烟，然后向四周的亲朋好友敬酒、敬草烟，接着举行"过草桥"仪式，婚礼进入高潮。过去一般是新郎的弟弟牵着新娘过草桥，有的地方还把新郎的弟弟打扮成女孩子，穿上筒裙和银泡衣裳，身挎背篮，手持长矛，牵新娘过草桥。后来逐渐改为新郎牵新娘过草桥。在众人的簇拥下，新郎牵着新娘的手，向草桥走去，在场的人们都不断地高喊："先踩右脚！先踩右脚！"。"右"在景颇族载瓦语中叫"约"，有顺达、吉祥的意义。新郎和新娘小心翼翼地走过草桥后，人群中会爆发出热

第五章　景颇族家庭婚姻发展变化情况

烈的掌声、喝彩声。此时，婆婆笑眯眯地站在门口，给新娘戴上祖传的银项圈和玛瑙项链，以此表示已经接纳新娘为家中的一员了。

第六章　景颇族的宗教信仰概况

景颇族的原始宗教信仰

景颇族崇尚万物有灵，信奉祖先，认为人和自然界中的万物都有灵魂，如日月、山川、鸟兽、巨石、怪树等都有灵魂，都被一种超物质存在的"南"（灵魂）所支配，每个人的生老病死都受到这些鬼魂的操纵。人的身上有真魂和假魂，真魂若被鬼咬或丢失，人就会生病，解救的办法就是通过巫师占卜、祭鬼把他们找回来；假若真魂全部离开人体，假魂在起作用，人就会死亡，所以，景颇族内部有多种多样的叫魂习俗。

景颇族的祭鬼习俗

景颇族认为鬼有善恶之分，为了驱除恶鬼和

第六章 景颇族的宗教信仰概况

报答善鬼，就要定期或不定期地杀生祭鬼。传说中鬼的种类大约有130种，大体可分为天鬼、地鬼和人鬼三大类。鬼的名称繁多，天鬼主要有：木代鬼（天鬼中最大的，只有山官可以祭祀）、月亮鬼、星辰鬼、风鬼、雷鬼、雨鬼等；地鬼主要有：植物鬼（树鬼、苞谷鬼、谷堆鬼等）、动物鬼（豹子鬼、老熊鬼等）和其他鬼（坝子鬼、山鬼、水鬼等）；人鬼主要有：死人鬼（分为家鬼和野鬼，家鬼有寨子鬼、房子鬼、家堂鬼，野鬼有背时鬼、病死鬼、烧死鬼等，属非正常死亡，是恶鬼，要定期或不定期举行祭祀活动驱除它）和活人鬼（即琵琶鬼，多系女性，是专门附在人身上致其家破人亡的恶鬼，如果某家有人畜突然染病或死亡，通常被视为琵琶鬼作祟。某人一旦被认为是琵琶鬼，轻则逐出村寨，重则活活烧死）。

景颇族原始的祭祀活动多种多样，主要有招魂祭、恶鬼祭、剽牛祭、新居祭、丧葬祭和纵歌祭。根据其规模大小，祭祀仪式往往采用不同的牺牲。祭大鬼要用牛、猪，祭小鬼仅需鸡或鸡蛋，或用干鱼、干老鼠等。如：祭"木代鬼"需杀牛、猪，通常要杀几头甚至几十头；祭小鬼仅用几对干鱼、糯米饭和水酒；祭死于非命的野鬼则用狗、小鸡和水酒等。

景颇族的宗教祭师

生活在原始社会时期的景颇族先民对自然界的规律和万物生灵的生与死等现象无法理解，往往造成心理和精神上的恐惧，迫切需要有一种精神上的寄托。在漫长的社会生活中，思维敏捷者、能言善辩者便无形中成了人们信赖的偶像，自觉或不自觉地充当了"董萨""斋瓦""迷太"的角色。他们是景颇族历史、文化的传承者，在景颇社会中享有很高的声誉。景颇族的宗教祭师，根据其能力强弱、社会阅历以及服务能力又分为不同的等级。

一、斋瓦

斋瓦是在传播景颇族历史、文化活动过程中

第六章 景颇族的宗教信仰概况

知识面最广的学者。据解放初期民族工作队调查：德宏州八九万景颇族人口中仅有三名斋瓦，其中盈江县有两名，潞西县有一名。斋瓦的职责，主要是在景颇族重大群众性的活动过程中主持活动仪式，完成祭奠奉供任务，如：主持祭奠木代天神或目瑙纵歌等重大庆典活动。斋瓦与当地最大督（官）有着千丝万缕的联系，在政治、军事、经济上均有对属官负责的义务，是最高级别的祭祀主持者。

二、董萨

董萨是仅次于斋瓦的祭司。按其职位、技能和分工不同，董萨的职业可分为施迪董萨、董萨格巴、昔董萨、董萨格志、能唯董萨、祥奘等不同级别。这是因为必须祭奠的神灵魂魄种类较多，而在实际操作中董萨只能按各自的"知识技能"划分职责、义务和级别，以便各尽所能、各负其责。

施迪董萨：为地神祭司。施迪董萨主宰土地、山林、庄稼、六畜，直接关系着人民群众的生产、生活。因此，施迪董萨必须为人正派，五谷才能丰登，六畜才会兴旺，村寨才能平安。所以，施迪董萨在人民群众中享有很高的威望，地位仅次于斋瓦。

董萨格巴：俗称大祭司，专管山神、地鬼、风雨、雷电诸神。他们是景颇族创世神话、民间故事的传播者之一，在群众中有较高威望。

昔董萨：即丧葬司。与董萨格巴地位相当，然而，昔董萨所担任的职责则是董萨格巴大祭司所不愿从事的丧葬职业。景颇族认为，人死后生死灵魂相互附体缠身，不是专职祭司很难将死者的魂魄精灵送走，还会危及活着的子孙。因此，昔董萨具有较强的专业性质，是与死者灵魂打交道的仁者。

董萨格志：即小祭司。董萨格志在从事祭祀方面负责念咒及宰贡鸡，摆设蛋、鱼、虾等祭品，还受理和主持婚嫁、贺新居落成、吃新米、招魂等小型祭祀庆典活动。董萨格志的社会地位、职级是祭司中的最低层次,与民众同劳动、同吃住、共祭祀、共分享,有则收礼,无则共食,所从事的是一种服务性行业。

能唯董萨:是占卜打卦的祭司。他们凭着自己的聪明才智,占卜过去,预测未来。他们不念祭词,不用祭品,只用术语和特定的工具占卜打卦,需要祭奠什么神灵,使用什么适宜的祭品,由他们决定。

祥奘:是董萨格志和大小祭司的助手,也是祭品分配的祭司。在整个祭祀活动中,祭什么神灵碑位,用什么祭品;哪些祭品怎么陈设,如何摆放;哪些祭品人可食用,哪些祭品人不可以食用等都由他们决定。祥奘祭司,一般由懂祭品、善处理、会分配的专职人员担任,多为祭司们的老搭档,也有临时雇请的。

三、迷太

迷太是神、鬼、人之间带有三性色彩的神秘职业,是景颇族原始口碑文化中真正"装神弄鬼"者，即神是他，鬼属他，人还是他。迷太神职行业至今存在着玄妙、玄乎的本质特征，让人不可思议。迷太这一职业不是任何人都可以担当的，据说需要神的选择和鬼的同意，一旦被神鬼选上，神鬼魂魄才会上身，神鬼附体后方可迷太。在迷太过程中，神鬼灵魂的旨意可通过其口来传达给人间凡夫俗子。同样，看卦预测者也可将对祖先神灵鬼魂的咨询、要求，通过其口传递上去，迷太是景颇族占卜预测人世间古今未来的重要形式，在景颇社会中占有重要地位。

基督教在德宏地区的传播情况

基督教主要在景颇族居住的山区流传，在德宏有三个教派，即浸礼会（景颇语"卡罗棒"）、内地会（景颇语"古地德"）和神召会（景颇语"恩基崩气"）。1950年，中国基督教成立三自由爱国运动委员会，主张教派合一，德宏浸礼会与内地会于1951年合并，统称浸礼会。

到德宏地区最早传播基督教的是美籍牧师高

第六章 景颇族的宗教信仰概况

曼。1894年,他受内地会派遣,从六库到今芒市中山乡木城传教,开启了基督教在德宏传播的先河。

1914年3月7日,缅甸木巴坝教会派英籍牧师英格朗与缅籍克钦族牧师德毛糯到瑞丽弄岛曼甲寨传教,成为浸礼会最早到德宏传教的牧师。1916年4月18日,美籍牧师傅能仁到今盈江县苏典乡邦别寨传教。1917年缅籍克钦族传教士明度、李老大、张老大等相继在陇川邦瓦、回弄等地传教。

1929年,瑞典籍神召会牧师约翰·文逊和余文生征得南甸土司同意,到遮岛街传教,后逐渐向盈江、陇川发展。

基督教在德宏传播之初,没有当地牧师和传教士,1926年,八莫教会派遣景颇族传教士雷斯布伦约到盈江龙盆传教,成为最早的景颇族传教士。20年代末,在缅甸昔董教会学习4年的孔五(傈僳族)回国,在盈江、苏典、盏西等地传教。1930年,陇川景颇族传教士司拉宗崩与郭陆公从缅甸返回原籍吕良传教。1942年，日军侵占德宏地区，外国传教士纷纷撤离，多数教会自行解体。1945年，抗战胜利后，外国传教士陆续回到德宏。1946年，瑞丽户育曼冒山官早堵从缅甸木巴坝教会学校毕业后返回家乡传教。同年，陇川等地基督教负责人、美籍牧师拉珊陆因年迈回国定居，其职位由缅籍克钦族牧师司拉山接任。司拉山定居陇川广山，1947年6月统一领导陇川、瑞丽、盈江等县"海洋教会"的工作，结束了浸礼会在德宏无统一机构的局面，原来的教会也由几个发展到几十个。

第七章　景颇族历史文化名人

抗英英雄穆然早乐东

早乐东（1855~1919），景颇族，云南陇川县人，陇川县王子树乡王子树村山官。鸦片战争以后，我国西南边疆不断受到英、法殖民主义者的各种侵略。1897年冬，中英两国在陇川勘定中缅边界时，英国企图在1894年和1897年两个界务条约的基础上，更多地掠夺我国的领土，遂胁迫清政府把界标内移六七十里，此行为激起了边疆景颇族、汉族、傣族等各族人民的坚决反对。陇川县王子树乡的景颇族爱国山官早乐东挺身而出，向英国侵略者提出严正抗议，并出示虎踞关、铁壁关两块碑文拓本，证明这块土地历来属于中国领土。当侵略者对此置之不理，我行我素，欲强行占领我陇川县章凤街时,愤怒的群众在早乐东的领导下拼死抵抗。在战斗中,早乐东勇猛无比,奋力冲杀,把侵略者头子奥氏从马上抓下来,在其告饶后,将其驱逐出境。在保卫章凤街的战斗中,景颇族群众牺牲了五十多人,为保卫祖国领土做出了极大的牺牲。早乐东的爱国气节与维护民族尊严的不屈精神值得后人永远敬仰。

大斋瓦沙万福

本名贡太甘(1900~1979.6),盈江县卡场乡支丹山人,曾任盈江县政协常委。他是一位深受景颇族群众尊敬的著名大斋瓦(诗圣),是景颇族民间说唱艺术家,是中国景颇族创世史诗《目瑙斋瓦》的最后一位传承人,为景颇族创世史诗的流传、搜集和整理做出了重大贡献。他口述了大量景颇族的神话、传说、故事、典故、谚语、谜语等史料,经李向前收集、整理,形成文稿《目瑙斋瓦》,为研究景颇族的政治、经济、历史、宗教、习俗和文学艺术等,提供了最有价值

第七章 景颇族历史文化名人

的资料。

抗日英雄——邦角山官尚自贵

尚自贵，本名木然早堵（1894~1974），男，景颇族，云南省陇川县王子树邦角山官。12岁步入政坛，历经清代、民国到中华人民共和国，以聪明才智、坚毅精神，在边地一跃成为景颇族山官中的显赫人物。尚自贵在清光绪三十年（1904年）承袭邦角山官及石婆坡隘副抚夷之职，协助刘家抚夷管理石婆坡隘地方事务。民国十五年（1926年）任石婆坡隘乡乡长、抚夷。民国二十二年（1933年）担任腾冲保商大队长，组训壮丁护路，缉捕盗匪，维持地方社会治安。日寇入侵德宏以后，尚自贵组织民兵参与梁河曩宋河南岸阻击日寇扫荡的战斗。其子尚德忠、尚德国也带民兵参与遮放、芒市地区的抗日斗争。民国三十四年（1945年），因刘、尚两家争斗仇杀，尚自贵被革除抚夷、乡长职务。民国三十七年（1948年）3月，英殖民主义者在中缅交界处的八莫召开秘密会议,怂恿景颇族闹独立。尚自贵拒绝参加,并将英文信函交给地方国民政府。1949年,尚自贵的原乡长、抚夷职务被恢复,并被保山专署委任为梁河第一区联合自卫队副总指挥。新中国建立后,尚自贵在中国共产党民族统战政策的感召下,宣布放弃山官剥削制度。1955年8月至1966年5月,当选为德宏州政协副主席、云南省政协常委等职务,为边疆的民族团结进步和社会主义建设事业做出贡献。"文化大革命"期间,尚自贵被安排到昌宁山区居住,1974年病逝。

大牧师司拉山

司拉山(1921~1980),景颇族,云南省德宏州陇川县人,原名木然勒山。早年就学于八莫十年制教会学校,毕业后在洋人街教会区传教,1947年应聘到陇川广山教会学校任教。司拉山在景颇族中颇具影响,曾多次在户瓦组织大规模的目瑙纵歌盛会。陇川解放后,他先后出席了陇川县和保山专区召开的各族各界代表大会,受到有

第七章 景颇族历史文化名人

关党政军领导人的热情接待和教育引导,并随同云南省少数民族代表团到北京参加国庆庆典。1951年12月当选为陇川县各民族行政委员会副主任,陇川县各民族联合政府副县长、陇川县协商委员会主任。1953年7月当选为德宏傣族景颇族自治区人民政府副主席。1956年4月当选为德宏州人民政府副州长。之后,历任云南省第三届、第五届人民代表大会代表,省人民代表大会民族委员会委员。1968年4月至1973年12月被打成"反动传教士"关押狱中。1975年6月出席第五届全国人民代表大会第二次会议,当选为第五届全国人民代表大会民族委员会委员。调昆明工作后,任政协云南省第三届委员会常务委员、政协云南省第四届委员会副主席。1980年2月病逝。

史学前辈李向前

李向前,男,1950年生,云南省德宏州盈江县铜壁关乡道隆村人,历任德宏州团结报社党委书记、社长、总编辑,州委常委、州委宣传部部长、州总工会主席等职。2002~2005年，李向前率"景颇寻根"组七次考察调研，行程数千公里，考察考证了"半坡氏族文化""红山文化""商周文化"等出土文物，向世人揭示了景颇族的起源、迁徙路线及发展状况，提出了景颇族是炎帝后代的观点。李向前同志通晓双语双文，曾主编《文蚌》杂志，深入民间收集整理出版《目瑙斋瓦》《肯然斋瓦》《景颇族历史画册》等著作，在抢救、保护景颇族历史文化方面做出了特殊贡献。其《目瑙斋瓦》一书被列入"国家级非物质文化遗产名录"。2011年，李向前同志退休，仍继续从事景颇族史学的挖掘与研究，广泛传播景颇族历史文化，不失为当代传承景颇文化的史学前辈。

纳排堵

纳排堵，又名勒排堵（1924~2003），景颇族，德宏州瑞丽市弄岛镇等嘎村人，1950年7月参加工作，1950年9月在保山专署联合政府工

第七章 景颇族历史文化名人

作,当选为保山地区各族各界人民代表大会协商委员会副主席兼民宗委主任。1953年7月当选为德宏傣族景颇族自治区人民代表大会协商委员会首任副主席。1956年4月至1991年5月,当选为政协德宏州一至十一届委员会副主席,同时被选为德宏州第一届人大代表。1991年7月退休,2003年病逝。

排启仁

排启仁,本名勒排早么(1922~1989),景颇族,盈江县盏西乡丹摩汶山官。1951年任盈江县盏西区副区长,后被选为保山各族各界协商会委员。1953年7月当选为德宏自治区人民政府副主席,1956年4月至1966年5月任德宏自治州人民政府副州长。"文化大革命"期间被关押,1978年10月平反。1983年4月至1989年11月,当选为政协德宏州委员会副主席。1987年4月,出席全国政协六届五次会议。

雷春国

雷春国，本名穆日·道光早东（1923~1967），景颇族，云南陇川县王子树乡厅子房村山官。1950年底，解放军进驻陇川后，他开始了解和接受党的民族政策。1951年6月参加保山专区召开的第二届民族各界代表会议，为组建王子树地区联防民兵，把自己自卫队的装备各种枪支60支、子弹4000多发贡献出来。1952年4月参加革命工作，并被选派到云南民族学院培训学习。1952年10月到北京参加国庆典礼，受到党和国家领导人的亲切接见。1953年4月参加德宏自治区的筹建工作。1953年7月至1956年4月，任德宏自治区人民政府副主席。1956年4月至1966年5月任德宏自治州副州长。1959年9月加入中国共产党。1960年参加中缅边境联合勘查工作。1961年1月，跟随周总理访问缅甸，5月到北京参加中缅边境友好条约签字，回来后到怒江州古浪、岗房地区参加接管工作，担任中共岗房工委委员、管理委员会副

第七章 景颇族历史文化名人

主席。1963年11月,到北京参加全国人民代表大会,被选为中央民族事务委员会委员。1966年6月在潞西县西山文化站开展"社教"工作。1967年1月受到造反派批斗,因不堪重负,于1967年1月11日与一家四口一起自杀,终年44岁。

朵示拥汤

朵示拥汤,(1950~),景颇族,德宏州陇川县清平乡广外寨人。1969年从陇川中学回乡参加知识青年上山下乡,1970年参军,1973年考入昆明师范学院历史系学习,1976年分配到陇川县文教局工作。1977年抽调到昆明参加《毛泽东选集》(第五卷)翻译工作。1978年调德宏州文教局编译室工作,期间,创作景颇族祝酒歌《朋友,请你干一杯》。1979年发表《目瑙纵歌的传说》,1980年担任《文蚌》杂志副主编,1981年到德宏州民族出版社工作,1982年着手编辑《汉载词典》和《载汉词典》,并在1992年和2010年先后出版。1987年任德宏团结报社副社长,1989年任德宏州民语委副主任,1994年当选为德宏州民族语文工作者联合会主席。2000年,创作出版《景颇史话》《英汉缅傣景颇载瓦语会话手册》《景颇风情种种》《景颇族饮食文化荟萃》《景颇族民居建筑艺术》《景颇族家庭婚姻婚礼》《景颇族史传经典古歌》《景颇族原始图物示意体系解读》《景颇族源流史话》等。

董勒成

董勒成,(1969~),景颇族,云南省德宏州陇川县人,云南景成集团有限公司创始人。1985年初中毕业后开始外出谋生。1990年开始承包荒山植树造林。1992年成立瑞丽景成集团总公司,下属企业涵盖出租车、石油、建筑、宾馆、林场、花卉等业务。1999年1月,建成四星级景成大酒店。2012年公司升格为云南景成集团有限公司。2014年创办瑞丽航空,其成为中国首位景颇族私营企业家。1998年、2013年、2014年、2015年分别荣获"云南省私营企业100强""云南企业100强"等称号。

第八章　景颇族未来发展展望

精准扶贫与全面小康

长期以来,党中央、国务院始终致力于经济和社会的全面发展,在全国范围内实施了以解决农村贫困人口温饱问题为主要目标的有计划、有组织的大规模扶贫开发。从 2011 年至今,按照"两不愁、三保障"和消除绝对贫困、全面实现小康的目标,德宏州委、州政府切实加强对扶贫工作的组织领导,多措并举,深入推进扶贫攻坚,农村扶贫工作取得了巨大成就。

第一,沪滇扶贫协作成效突出。2016 年底,根据沪滇扶贫协作要求,上海青浦区与德宏州建立了东西部扶贫协作关系。从 2017 年起正式启动对口帮扶工作,一年多来,青浦区和德宏州两地党委、政府高度重视，认真贯彻落实中央、省有关东西部扶贫协作、沪滇扶贫协作有关指示精神。青浦区与德宏州4个县（市）形成结对帮扶，2017年起实施对口支援项目，目前，项目全面启动，成效明显。2017年实施帮扶项目13个，投入帮扶资金4250万元，1640户6627名建档立卡贫困人口直接受益。陇川县陇把镇吕良村的"青浦路"成为中缅边境线上的一道靓丽风景线，为群众生产生活提供了极大的方便。盈江县铜壁关乡大小浪速村贫困村提升工程成效明显，已成为乡村旅游"景颇族特色村寨"。2018年沪滇扶贫协作计划实施帮扶项目11个，投入帮扶资金4550万元，有效改善了贫困地区群众的生产生活条件。

第二，企业集团对口帮扶有序推进。2016年6月启动三峡集团对口帮扶景颇族精准脱贫项目，计划投入帮扶资金7.6亿元（已到位5.7亿元），项目覆盖德宏州5县（市）37个乡镇154个行政村。

第三，"挂包帮、转走访"定点扶贫扎实开

第八章 景颇族未来发展展望

展。建立健全了扶贫攻坚"挂包帮""转走访"工作机制,实行厅级领导联县挂乡包村,从县(市)选派驻村扶贫工作队总队长、副总队长。德宏州有1个中央单位、10个省级部门、108个州级部门、433个县(市)级部门挂包贫困村,24003名各级干部结对帮扶建档立卡贫困户,选派1278名干部组成336支工作队驻村帮扶,实现了领导挂县、部门包村、干部结对帮扶贫困户全覆盖。健康扶贫方面:德宏州建档立卡贫困人口100%参加医疗保险,建档立卡贫困人口城乡居民医保住院自付医疗费用不超10%,28种门诊特慢病报销比例80%以上。教育扶贫方面:全面实施教育帮扶"两个全覆盖",全州义务教育控辍率(小学辍学率为0.023%、初中辍学率为0.97%)在国家规定范围内。

第四,"万企帮万村"精准扶贫措施有力。截至2018年8月,德宏州已有145家商会和民营企业与132个贫困村签订了村企结对帮扶协议,企业共计投入结对帮扶项目和资金1.16亿元,其中投入贫困村的项目和资金 2407 万元。上海 12 家企业与德宏州 12 个贫困村签订了村企结对帮扶协议,捐赠帮扶资金 100 万元。

德宏州的脱贫攻坚成效显著,截至 2019 年 3 月,已有芒市实现脱贫摘帽,盈江、陇川、梁河在 2019 年底实现脱贫摘帽,德宏景颇族的明天将会更加美好。

《德宏州边境少数民族景颇族聚居地区新农村建设规划》

《德宏州边境少数民族景颇族聚居地区新农村建设规划》(2007—2010 年)是由德宏州民宗局等相关部门组织规划课题,经过全面深入的调查、分析和论证编制而成。根据规划,全州景颇族聚居地区立项建设社会主义新农村试点村总数为 32 个自然村,建设规划总投资 931.924 万元,试点村规划建设的总内容是按照"生产发展、生活宽裕、乡风文明、村容整洁、管理民主"的总体要求,构建和发展社会主义新农村。项目规划

第八章 景颇族未来发展展望

立项建设 95 项,涉及种植、养殖、村内道路、农村饮水、安居工程、沼气能源、农田水利、公共设施和人才培养等新农村建设发展项目。

德宏州各级党委、政府根据规划安排,在 2007 年确定了全州 51 个省、州新农村建设试点村,完成了规划编制、项目申报、计划下达、方案编定及项目实施。全州共下派 50 支新农村建设工作队和 366 个新农村建设指导员,进驻 365 个村委会(社区)。工作队立足乡村实际,突出特色,因地制宜,创造性地开展工作,取得明显成效。2010 年,全州实现生产总值 140.63 亿元,其中,农林牧渔业总产值完成 58.00 亿元,粮食总产量 60.3 万吨;固定资产投资 131.32 亿元;财政收入完成 21.73 亿元;普通高等学校在校学生 5938 人,小学学龄儿童入学率 99.8%。

德宏景颇族未来发展展望

按照《云南省发展产业精准扶贫行动计划(2016—2020 年)》要求,为实现把德宏建成

"一带一路"的重要国际陆港、面向南亚东南亚辐射中心的关键节点、中缅经济走廊的门户枢纽目标,德宏州提出将在未来5年内重点推进六大建设任务:打造一批种养殖示范,培育50个种植基地、50个养殖示范小区;扶强扶壮一批扶贫龙头企业,扶持50个具有较强实力且户企利益联结、共享机制健全的龙头企业;培育一批专业合作组织,支持创建200个运行管理规范、经营服务能力强、示范带动作用大的新型农民专业合作经济组织;培养一批农村致富带头人,培养200名致富带头人;培养一批农村经纪人,加大对农村经纪人扶持力度,为农村经纪人的发展创造更加宽松的环境,培养200名合格的农村经纪人;发展一批股份合作示范村,集中各类资源,依托现有资源和资产,重点采取资产收益扶贫方式,培育壮大169个贫困村的集体经济,实现强村富民的目标。

德宏景颇族地区的发展虽然还存在许多困难,但我们坚信,在党中央的正确领导下,在云南省

第八章 景颇族未来发展展望

和德宏州各级人民政府的关心帮助下,所有的困难都会得到解决。德宏景颇族地区将会按照习近平总书记考察云南重要讲话精神,按照统筹推进"五位一体"总体布局,协调推进"四个全面"战略布局,认真落实新发展理念,认真落实"两个一百年"的奋斗目标。未来的德宏,一定会在活力德宏、和谐德宏、美丽德宏、开放德宏、幸福德宏上绽放自己的光彩。未来的景颇村寨,天空蓝蓝、白云悠悠、清流迂回、鲜花盛开,统一格调的民居、硬化的道路、干净的自来水、较强的信号网络、宽敞舒适的活动场所、琳琅满目的乡村旅游文化项目的愿景一定会实现。

参考文献

1. 景颇族简史编写组.景颇族简史 [M].北京：民族出版社，2008.

2. 李向前.当代云南景颇族简史 [M].昆明：云南人民出版社，2010.

3. 德宏州政协文史委.中国景颇族山官[M].德宏：德宏民族出版社，2001.

4. 张建章.景颇寻根 [M].德宏：德宏民族出版社，2006.

5. 陈德寿.山的脊梁——中国景颇族新社会发展变迁史 [M].昆明：云南美术出版社，2006.

6. 李向前.目瑙斋瓦 [M].德宏：德宏民族出版社，1991.

7. 尤中.云南民族史 [M].昆明：云南大

学出版社，2001.

8. 童荣云等．景颇族人物千秋［M］．德宏：德宏民族出版社，2017.

9. 尤中．中国西南民族史［M］．昆明：云南人民出版社，1985.

10. 德宏州史志编委会办公室．德宏史志资料［M］．德宏：德宏民族出版社，1995.

11. 中共德宏州委党史研究室．"直过区"呼唤第二个春天——德宏州民族"直过区"经济社会发展研究［M］．内部资料，2006.

12. 德宏州史志办公室．德宏历史资料——少数民族卷［M］．德宏：德宏民族出版社，2012.

13. 中共德宏州委，德宏州史志办公室．中国共产党德宏历史（第一卷）［M］．昆明：云南民族出版社，2014.

14. 德宏州志编纂委员会．《德宏年鉴》［M］．2012、2013、2014、2015、2016、2017.

15. 马曜．云南简史［M］．昆明：云南人民出版社，1993.

后 记

《景颇族史话》是云南省社科联获批的2018年"十二五"规划国家少数民族图书出版基金项目，2020年又被列为"云南省世居少数民族系列丛书"出版项目。2018年底，受德宏州社科联委托，德宏师范高等专科学校张建云和杨洋两位老师承担了这个课题的研究和撰写任务。在省州景颇族发展研究会及部分专家学者的大力支持下，从2019年3月开始，笔者用了一年半左右时间，经过查阅资料、田野调查、走访调研，资料汇总，逐章撰写，反复磋商和修改，形成最终送审稿，最后完成了该书的编撰任务。

《景颇族史话》由张建云、杨洋编著，书稿共分8章，其中张建云负责编写一、二、四、五、

六、七、八章,杨洋、张建云合作编写第三章,各章撰写后,由张建云进行了统稿,该书在编写过程中得到了德宏州史学前辈李向前、童荣云及德宏州景颇发展进步研究会部分学者的大力支持和热心指导,在此一并表示感谢!

《景颇族史话》在编写过程中,立足于最新研究成果,力图把景颇族社会历史发展的全貌展示在读者面前,但由于资料匮乏、学术观点各异等客观原因,目前部分研究领域还处于空白,研究成果不多,造成该书还存在许多不足之处;另外,由于作者水平所限,难免挂一漏万,敬请读者批评指正。

编 者

2020 年 12 月